L'ART BYZANTIN

L'ART BYZANTIN

D'APRÈS

Les Monuments de l'Italie, de l'Istrie et de la Dalmatie

RELEVÉS ET DESSINÉS PAR

CHARLES ERRARD

Architecte du Gouvernement

Texte par Al. GAYET

———

II

PARENZO

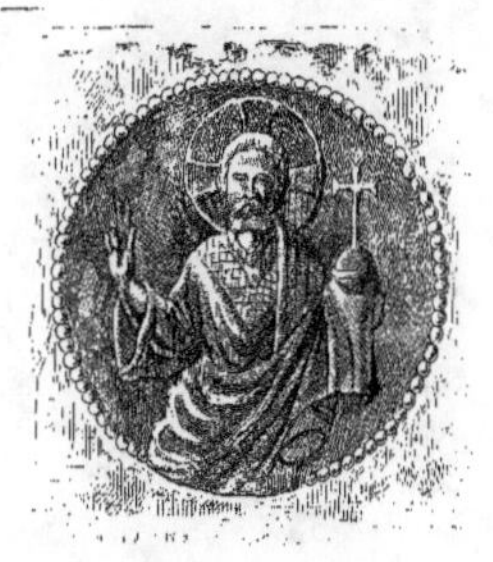

PARIS

SOCIÉTÉ FRANÇAISE D'ÉDITIONS D'ART

L.-HENRY MAY

9, RUE BONAPARTE, 9

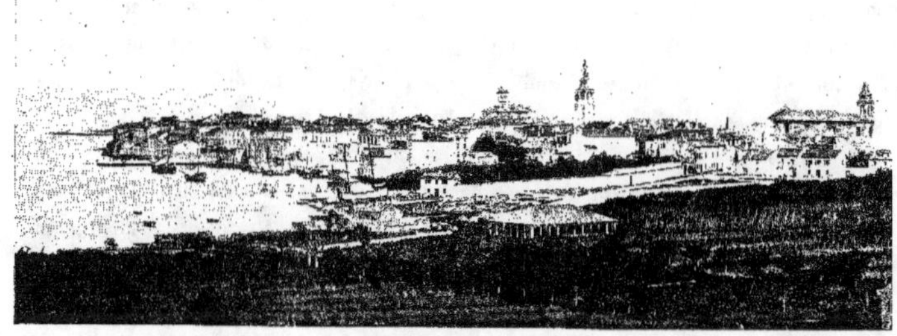

PARENZO

I

INTRODUCTION

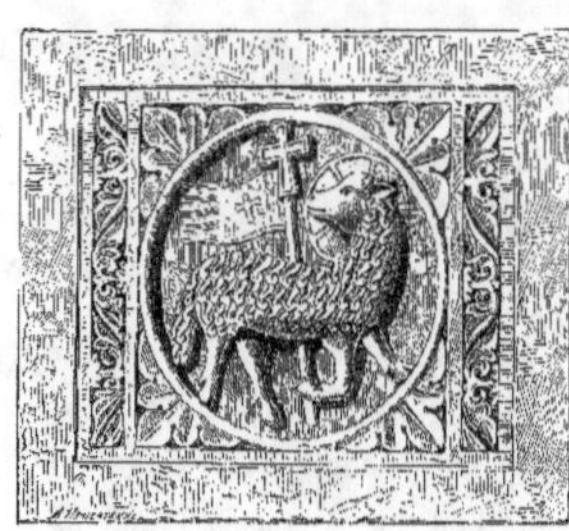

L'HISTOIRE de l'Istrie est restée, jusqu'ici, confuse et incertaine, bien que, de tout temps, elle ait réussi à fixer l'attention de ceux qui se sont donné pour tâche d'étudier la marche de la civilisation byzantine, remontant d'Orient en Occident. Dès 1654, l'évêque de Cittanova, Giacomo Filippo Tomasini, le premier, essayait, sous le titre « *Commentari storici geografici della provincia del Istria* », de nous en tracer l'esquisse. Mais, la mort le surprenait, avant qu'il eût mené à bien son œuvre; et le livre restait inachevé. Après lui (1680), Prospero Petronio di Capodistria écrivait à son tour les « *Memorie sacre e profane* » de l'Istrie. Ces mémoires se subdivisaient en deux parties, l'une historique, l'autre descriptive. La première est aujourd'hui perdue; le manuscrit de la seconde est conservé aux archives de Venise, où l'on peut encore le compulser.

L'élan était donné, toutefois, et l'évêque de Parenzo, Gaspare Negri, entreprenait bientôt une « Histoire de l'Église d'Istrie ». Mais, de même que Giacomo Filippo Tomasini, il mourait avant d'avoir achevé sa tâche. Avec le D' Kandler, toute une moisson de documents nous est fournie enfin. C'est « l'Istrie, l'Index diplomatique, l'Index épigraphique et les Matériaux pour servir à l'histoire du Littoral ».

A ces noms, il convient d'ajouter ceux d'auteurs qui, à des titres divers, se sont occupés de l'Istrie : Carlo di Combi, avec sa « *Porta orientale* »; Tomaso Luciani, avec son « *Dizionario corografico d'Italia* ». Pola, capitale de l'Istrie, attirait particulièrement l'attention. C'est d'abord un opuscule anonyme, daté de 1589, que Kandler attribue à Locatelli, donnant, sous le titre « *Dialoghi* », quelques renseignements précieux sur l'antiquité de la ville. Un peu plus tard, 1633, un ingénieur français, Antoine Deville, en publiait un autre : « *Portus et Urbis Polæ antiquitatum et thynnorum piscationis descriptio curiosa* ». Cinquante ans plus tard, 1695, l'évêque de Pola, Maria Bottari, consacrait une étude à l'antiquité de son diocèse. En 1726, l'archidiacre de Pola, Pasquale Gubbi, écrivait la « *Storia di Pola* », conservée à la Biblioteca Stancovichiana de Rovigno. A côté de ces savants érudits, il faut citer encore l'archiprêtre de Sissano, Moreschi, le comte Ange Vidovich et ses « *Memorie civili et sacre della cita di Pola* », l'abbé mitré Giuseppe Lucich, chanoine de Macarasca et Zagabria, et ses « *Notizie ecclesiastiche e politiche dell' antichita di Pola* ». D'autres encore, Serlio, Carli, Maffei, Spohn et Wehler, Cassas, Agincourt, Stuart et Revet, Allason, Vergottini Stancovich. L'opuscule anonyme : « *Versuch einer Geschichte und Beschreibung der Stadt Pola in Istrien* »; Gareis et son « *Pola und sein nachste Umgebung* »; Luciani et enfin Mommsen, pour les passages qu'il consacre à Pola dans le « *Corpus inscriptionum romanorum* ».

II

L'ISTRIE

La presqu'île istrienne, qui pour base s'appuie à l'ouest sur Trieste, à l'est sur Fium, et s'étale dans l'Adriatique, entre le golfe de Venise et celui de Medolino, est un pays plat, coupé d'ondulations molles, et de vallées aux pentes douces, où les collines, à quelques rares exceptions, ne dépassent pas l'altitude d'une centaine de mètres, de la pointe du Merlera au Monticchio. Les côtes, bordées de falaises, sont coupées de criques ensablées, servant de refuges aux barques de pêche. De l'ouest à l'est, entre le port de Maricchio et celui de Carnizze, l'accès en est assez difficile; mais de Maricchio à Fasana, en remontant vers le nord, l'incurvation des golfes de la Madona de Portiacio et de Murazzi offre de sûrs abris. De la rade de Fasana, à la pointe de Cristo, que sépare le canal dei Brioni, s'ouvre le port de Pola, protégé par les caps Compare et Brancorso, qui marquent l'extrémité de la péninsule, dont le monte Gra-

diana forme l'extrême limite du côté de Quarnaro, sur le golfe Medolino, le *Portus Fla-*
naticus des auteurs latins. Ce golfe de Medolino, défendu contre les vents du nord par
la punta Merlera, possède aussi nombre de ports et d'anses. C'est d'abord Cuje, les cales
de Cani, de Malagatta, et le mouillage de Valle Vignole. Au-devant de Pola, enfin,
s'étend l'archipel dei Brioni, composé de deux grandes îles et des îlots S. Marco,
Gazza, Toronda, Lecca, Supin Grande, Supin Piccola, Galia, Gronghera, Isole della
Vanga, della Madona del Deserto, Orzera. Tout à l'entrée du port, Girolamo et Coseda
ferment la rade, entourées, elles aussi, de petites îles, Santa Catarina, San Andrea,
San Floriano et dei Olivi.

Sur ce terrain, où l'ossature du calcaire perce partout la couche d'humus, une riche
végétation s'étale. La frondaison grêle des lauriers, des câpriers, des grenadiers, des
asphodèles, des myrtes, des aloès, des figuiers et des oliviers s'étend jusqu'au bord de
la mer. Sur la côte, des vignes et des vergers entourent les villages; des pâturages se
déroulent au penchant des collines; tout, en un mot, annonce la fertilité du sol.

III

LA DOMINATION ROMAINE, LES GOTHS ET LES LOMBARDS

L'histoire proprement dite de l'Istrie se résume à celle de sa capitale. A l'époque
romaine, la campagne de Pola était populeuse et florissante. De place en place, on
reconnaît encore aujourd'hui de nombreux châteaux, reliés les uns aux autres par des
souterrains, établis à une grande profondeur. Les plus remarquables sont ceux de Medolino, de Sessano, d'Albona, de Dignagno, de Parenzo, des îles Brioni et de la punta Cissana.
Nombre de noms anciens ont même subsisté dans les noms modernes : Stignano, — Asti-
nianum —; Dignan, — Adinianum —; Fasana, — Fasian —; Marzana, — Martianum ;
Peroi, — Pretoriolum. Mais, de toutes ces villes, les trois plus anciennes, dont la possession
faisait les Romains maîtres de l'Istrie, furent Mutila, sur le golfe Medolino; Nesazio,
dans la valle Bado, et Faveria au-dessus du port de Carnizze.

Une antique tradition rapportait que Médée, Jason et les Argonautes, à la recherche
de la Toison d'Or, auraient, au cours de leurs pérégrinations, colonisé l'Istrie, et se
seraient établis à Pola. D'autres légendes faisaient intervenir Darius Idaspe et Mil-
tiade. Des données scientifiques les plus récentes, il semble découler que des tribus
sorties de Thrace, à l'époque des migrations préhistoriques, s'y heurtèrent aux
Celtes aborigènes, qu'elles finirent par absorber. Quoi qu'il en soit, cinq cents ans
avant notre ère, ces peuplades de la Thrace avaient établi des colonies sur les côtes
istriennes, au Quarnaro, à Carnizze, à Bado et à Medolino. Les villes principales
étaient déjà Faveria, Nesazio et Mutila, qui, lors de la conquête de l'Istrie par les

troupes romaines, — 178 avant notre ère, — opposèrent au consul Claudius une résistance acharnée; et qui, vaincues, n'en prenaient pas moins parti, cinquante ans plus tard, — 128, — dans la rébellion de leurs voisins les Liburniens. Des colonies militaires fondées à Tergeste et à Pola, la conquête de cette partie de la côte orientale ne fut qu'une question de temps, Pola restant le point stratégique par excellence, dont il importait le plus aux envahisseurs d'être les maîtres. Selon Kandler, sa colonie s'élevait à 1126 soldats, 17 centurions et 90 cavaliers, pour une population de 12000 habitants.

Lors de la guerre civile romaine, Pola, ayant pris parti pour Brutus et Cassius, fut, à la mort de César, assiégée, emportée et démantelée par ordre d'Octave victorieux, qui l'abandonna à la fureur de ses soldats, — 42 avant notre ère. — Mais, elle occupait une telle situation, qu'elle devait bientôt renaître de ses cendres. Auguste, qui par piété envers Jules César venait de la détruire, la concéda aux Liguriens, avec permission de l'appeler *Pietas Julia*, nom qui dura jusqu'au temps de Pline, et auquel on adjoignit, dans la suite, les épithètes de Pollentia et de Herculanea, en l'honneur de Polla, mère de Vespasien; et de Commode, qui s'intitulait solennellement « l'Hercule romain ».

Ainsi restaurée, après la bataille de Philippes, Pola fut ceinte de murailles par Auguste, dotée d'aqueducs et de temples. Elle eut ses décurions, ses édiles, ses décemvirs quinquennaires, son collège sacerdotal, desservant les sanctuaires de Minerve et d'Auguste, son capitole et son forum. La beauté de son site attira l'attention de Lucullus et d'Épicure. Elle devint vite « les délices des riches et la fortune des médiocres », selon l'expression de Cassiodore; elle eut ses villas et ses châteaux, dont les plus fameux furent ceux des affranchis de Licinius; d'Antonia, d'Octavia, de Claudia; et de celles d'Antonius, de Flavius et des Constantins. Auguste avait permis qu'on lui élevât un temple; Vespasien, pour complaire à Cénide, la séduisante Istrienne, affranchie d'Antonia Minore, fille du triumvir Marc-Antoine et mère de Claude, y fit bâtir un théâtre, un amphithéâtre, et se plut à l'embellir. Et, la commune loi voulant que Rome retrouvât partout son image, cette extension y engloba bientôt les sept collines environnantes, Mondipola, Arena, S. Michele, S. Martino et S. Giovanni.

Grâce à cette prédilection toute particulière pour ce coin de l'Istrie, Pola devint rapidement florissante. Située sur le passage des routes menant de Rome, par Ancône, au Danube; et, par Aquilée, vers Constantinople, elle fut bientôt l'entrepôt du commerce avec le Levant. Aquilée ne comptait alors pas moins de six cent mille âmes : aussi Pola, après avoir formé le rempart de l'empire contre la Liburnie et la Dalmatie, était-elle l'une des villes les plus importantes de la côte, à l'époque des Antonins.

Bâtie au bord de la mer, elle devait, à l'origine, être limitée au sommet de la colline qui commande l'entrée de sa rade. Selon Kandler, ce fut à ce sommet que s'élevèrent le capitole, les édifices militaires et les temples; tandis qu'aux flancs mêmes de la colline, se déroulait la cité, divisée en îlots de maisons privées et de palais. Au bord de

la mer, était le forum de la plèbe, dont le rectangle allongé courait le long des quais;
les comices, ou forum patricien, en constituaient le prolongement, surélevés de douze
marches et encadrés de deux sanctuaires; l'un consacré à Auguste, l'autre à Diane,
mais qui servit probablement de curie. L'un et l'autre étaient ornés de statues, portant
des dédicaces à César Néron, fils de Germanicus, à Claude, à Marcus Aurelius Antonius,
à Marcus Aurelius Vero, à Caracalla, à Ulpia Sévérina, femme de l'empereur Aurélien,
à Licinius et à divers chevaliers romains.

L'enceinte, à peu près circulaire, était percée de douze portes; cinq, ouvrant sur la
campagne; sept, sur la mer. Ces dernières ont disparu, trois subsistent encore du côté
des terres : la *porta Aurata*, la *porta d'Ercole* — d'Hercule — et la *porta Gemina*. A la
première, l'ancienne *porta Minerva* — porte de Minerve, — prenait naissance la *via Flavia*,
voie commerciale, conduisant, par le Champ de Mars, au port Phlanaticus, sur le golfe
Medolino. Par la troisième, la *porta Jova* — la porte de Jupiter, — passait la voie mili-
taire qui, après avoir traversé l'*Arsa*, conduisait au delà d'Albona, en Illyrie et en Pannonie.
A la porte principale, la *porta Junonia* — la porte de Junon, — s'amorçait la voie impériale,
menant à Dignano, à Trieste, à Aquilée, à Rovigno et à Parenzo, en côtoyant la mer.
Le temple de Jupiter Conservateur — *Jovis Conservatoris* — se dressait à la place que
devait occuper plus tard la basilique de Santa Maria Formosa; celui de Minerve, à celle
du collège sacerdotal. Ailleurs encore, on voyait le temple d'Hercule, celui d'Esculape
et celui de Neptune. Le Nymphæum avait son bassin à gradins à l'emplacement du
bassin actuel. La fondation en remontait à Auguste. Au delà des murs, habitait la
plèbe. Deux seuls édifices s'y élevaient, le théâtre et l'amphithéâtre. Derrière le théâtre,
enfin, était le Champ de Mars.

L'on accédait plus volontiers à Pola par mer que par terre. La ville, bâtie en
amphithéâtre, sur la déclivité de ses collines, se dessinait de loin, avec son enceinte
de hautes murailles, son capitole, ses temples et ses édifices somptueux. Dans les îles,
couvertes d'une verdure éternelle, les cippes et les monuments funéraires s'estompaient
en blanc, sur les feuillages pâles des oliviers, prolongeant leurs files serrées par delà
le port, sur la voie des Tombeaux.

La flotte de Ravenne, instituée l'an 173 avant notre ère, pour la garde de l'Adriatique, mouillait souvent dans ce port : les relations commerciales avec Aquilée, par Salo-
nique, avec la Carinthie, l'Illyrie, la Dacie et la Pannonie y entretenaient un mouvement
considérable. Et cependant, ce site d'idylle n'en fut pas moins, pendant toute la période
romaine, un lieu d'exil, souillé de meurtres et de massacres perpétuels. En 326, l'aîné
des fils de Constantin y était relégué, et mis à mort, sur ordre de son père; en 354,
Gallus César y mourait à son tour, sur celui de l'empereur Constance. Puis l'invasion
des barbares d'Attila arrivait, mais expirait au seuil de l'Istrie, sans même en entamer
le sol. En 493, elle était soumise enfin par Théodoric, et restait aux mains des Goths,
jusqu'à la conquête de Bélisaire — 539 —; mais conservait son autonomie et ses institutions. Ravenne venait de prendre la situation d'Aquilée démolie, et cette circonstance

ne faisait même que contribuer à sa prospérité, que nous affirme Cassiodore, secrétaire de Théodoric [1].

Aux temps gothiques, succédèrent les temps byzantins, et Aquilée démantelée reçut l'Évangile. La tradition s'est répandue que dès le vi^e siècle, Trieste et Pola avaient leur évêché, avant le reste de l'Istrie; mais la chose est incertaine; le seul point établi est qu'en 524, le premier évêque d'Istrie fut nommé sous le règne de Théodoric. L'Église istrienne avait eu cependant son premier martyr l'an 290, en la personne de San Germano; elle devait avoir plus tard son apostat en celle de l'évêque Giovanni Battista Vergerio, frère du fameux Pietro Paolo de Capodistria. Une autre version donne, il est vrai, ce rôle de premier martyr à San Stefano, qui aurait dédié le plus ancien sanctuaire chrétien, au temps de la persécution dioclétienne, et en fait le patron de l'Istrie, avec l'apôtre Thomas. Quoi qu'il en soit, le gouvernement byzantin à peine réinstallé en Istrie, l'ordre de l'Église se modela sur celui du reste de l'Orient. Chapitres, monastères, abbayes se multiplièrent : des basiliques s'élevèrent sur l'emplacement des anciens temples, et la foi nouvelle se manifesta avec un éclat intense, qui arriva à son apogée sous l'impulsion de l'archevêque de Ravenne, Massimiano, — 445 —. Pauvre diacre de Pola, né à Vistro, petite bourgade des environs de la capitale istrienne, Massimiano, ayant trouvé dans le champ paternel un trésor, s'était empressé de faire le voyage de Constantinople, afin de le remettre à l'empereur Justinien; et, entré en faveur auprès de celui-ci, en avait reçu l'épiscopat.

A dater de ce jour, l'Istrie releva de l'exarchat de Ravenne. Elle eut ses gouverneurs civils et militaires, tenant résidence à Pola. Au siècle suivant, Aquilée et Grado ayant succédé à Ravenne dans l'hégémonie du christianisme oriental, elle passa sous l'autorité des patriarches Gennaro, Mauro Maurenzio ou Lorenzo, Cipriano Pietio et Cristoforo. Telle était l'éloquence de ce dernier, qu'il détermina les habitants, dans une assemblée générale, tenue en 697, à changer la forme du gouvernement, et à faire choisir pour doge Paolo Lucio Anaperto.

L'année 753 vit l'invasion des Lombards : elle laissa Pola indemne. Puis, la conquête de l'Istrie par Charlemagne, en 789, la rattacha à l'empire d'Occident, dont elle ne devait se séparer que beaucoup plus tard, vers 1331. Réunie alors à la Vénétie, elle était astreinte surtout à un tribut prélevé en olives, vins et barques. Pola en particulier était tenue de fournir une galère armée, pour la garde du golfe. Un traité solennel nous est parvenu, qui nous donne les clauses de cet arrangement. Cette pièce existe en double aux archives de Venise et de Vienne, en voici le texte latin :

---

1. Lettres XI et XII adressées au préfet de l'Istrie.

IV

LA CHARTE DE CHARLEMAGNE

In nomine Patris et Filii et Spiritus Sancti.
Amen.

Cum per jussionem Piissimi atque Excellentissimi Domini Caroli Magni Imperatoris, et Pippini Regis filii ejus, in Istria nos servi eorum directi fuissemus, idest Izzo præsbyter, atque Cadolao, et Ajo Comites pro causis Sanctarum Dei Ecclesiarum, pro justitia Dominorum Nostrorum, seu etiam de violentia populi, pauperum, orphanorum, et viduarum, primis omnium venientibus nobis in territorio Caprense, loco qui dicitur Riziano, ibique adunatis venerabili viro Fortunato Patriarcha, atque Theodoro, Leone, Stauratio, Stephano, Laurentio Episcopis, et reliquis Primatibus, vel Populo Provinciæ Istriensium, tunc eligimui de singulis Civitatibus, seu Castellis homines capitaneos numero centum septuaginta et duos; fecimus eos jurare ad S S. quatuor Dei Evangelia, e pignora Sanctorum, ut omnia quidquid scirent, de quo nos eos interrogaverimus, dicant veritatem: in primis de rebus Sanctarum Dei Ecclesiarum; deinde de justitia Dominorum nostrorum, seu et de violentia, vel consuetudine populi territorii istius, Orphanorum, et Viduarum, ab quisque ullius hominis timore nobis dicerent veritatem.

Et ipsi detulerunt nobis Breves per singulas Civitates, vel Castella, quos tempore Constantini, seu Basilii Magistri Militum fecerunt, continentes quod a parte Ecclesiarum non haberent adjutorium, nec suas consuetudines.

Fortunatus Patriarcha dedit responsum dicens: Ego nescio si super me aliquid dicere vultis; veruntamen vos scitis omnes consuetudinis quas a vestris partibus Sancta Ecclesia mea ab antiquo tempore usque nunc dedit, vos mihi eas perdonatis: propter quod ego ubicumque potui, in vestro fui adjutorio, et nunc esse volo, et vos scitis, quod multas dationes, vel missos in servitum D. Imperatoris propter vos direxi: nunc autem qualiter vobis placet, ita fiat.

Omnis Populus unanimiter dixerunt, quod antea tunc et nunc et plura tempora pro nostro largitur, ita sit, quia multa bona a parte vestra habuimus, et habere credimus, excepto quando Missi Dominorum nostrorum venerint, antiquam consuetudinem vestra familia faciat.

Tunc Fortunatus Patriarcha dixit: Rogo vos filii, nobis dicere veritatem. Qualem consuetudinem S. Ecclesia mea Metropolitana in territorio Istriense inter vos habuit.

Primus omnium Primas Polensis dixit: quando Patriarcha in nostram Civitatem veniebat, et si opportunum erat propter Missos Dominorum nostrorum, aut aliquo placito cum Magistro Militum Græcorum habere, exibat Episcopus Civitatis nostræ cum Sacerdotibus, et Clero vestiti planetas cum cruce, cereostados, et incenso, psallendo sicuti summo pontifici, et Judices una cum populo veniebant cum signis, et cum magno etiam recipiebant honore; ingredientem autem ipsum Pontificem in Domum S. Ecclesiæ nostræ, accipiebat statim ipse Episcopus claves de sua Domo et ponebat eas ad Pedes Patriarchæ; ipse autem, Patriarcha dabat eas suo Majori, et ipse judicabat, et disponebat usque in die tertia; quarta autem die ambulabat in suum Rectorium.

Deinde interrogavimus Judices de aliis Civitatibus, sive Castellis, si veritas fuisset ita: omnes dixerunt: sic est veritas, et sic adimplere cupimus.

Nos vere amplius super patriarcha dicere non possumus. Peculia autem vestra dominica ubicumque nostra pabulant, ibique et vestra pascant absque omni datione. Volumus ut in antea ita permaneat.

Nam vero super Episcopos multa habemus quod dicere.

In Capitulo. Ad missos Imperii, sive in quacumque datione, aut collecta medietatem dabat Ecclesia, et medietatem populus.

II in Capitulo. Quando Missi Imperii veniebant, in Episcopiis habebant collocationem, et dum interim reverti deberent ad suam dominationem, ibique habebant mansionem.

III Capitulo. Quæcumque chartulæ emphitheoseos, aut libellario jure, vel non dolosæ commutationes nunquam ab antiquum tempus corruptæ fuerunt, ita, ut nunc fiunt.

IIII Capitulo. De Herbatico, vel glandatico nunquam aliquis vim tulit inter vicora nisi secundum consuetudinem parentum nostrorum.

V Capitulo. De Vineis numquam in tertio ordine tulerunt, sicut nunc faciunt, nisi tantum quarto.

VI Capitulo. Familia Ecclesiæ numquam scandala committere adversus liberum hominem, aut cædere cum fustibus, et etiam nec sedere ante nos ausi et suasi fuerunt; nunc autem cum fustibus non cædunt, et cum gladiis sequuntur nos; nos vero propter timorem Domini Nostri non sumus ausi resistere, ne pejora accerescant.

VII Qui terras Ecclesiæ fenorabat usque ad tertiam repsionem, nunquam eos foras ejiciebat.

VIII Maria vero publica, ubi omnis populus communiter piscabant, modo ausi non sumus piscare, qui cum fustibus nos cædunt, et retia nostra concidunt.

IX Capitulo. Unde nos interrogastis de justitiis Dominorum nostrorum, quas Græci ad suas tenuerunt manus usque ad illum diem quo ad manus Dominorum nostrorum pervenimus, ut scimus, dicimus veritatem. De civitate Polensi solidi Mancosi sexaginata, et sex; de Ruvingio solidi Mancosi quadraginta; de Parentio Mancosos sexaginta sex; Numerus Tergestinus mancosos sexaginta: de Albona mancosos triginta; de Pinguento mancosas vigenti; de Pedena mancosos viginti; de Montona mancosos triginta. Cancellarius Civitatis novæ mancosos duodecim, qui faciunt in simul mancosos CCCXLIV. Isti solidi tempore Græcorum in Palatio eos portabat. Postquam Joannes devenit in Ducatu, ad suum opus istos solidos habuit, et non dixit pro justitia Palatii fuisse.

Item habet Casale Orcionis cum olivetis multis.

Item portionem de Casale Petriolo, cum vineis, terris, olivetis, item omnem portionem Joannis Cancianico, cum terris, vineis, olivetis et casa cum turculis suis. Item possessionem magnam de Arbe cum terris, vineis, olivetis et casa sua.

Item possessionem Stephani Magistri militum.

Item casam Zerontiacam cum omni possessione sua.

Item possessionem Mauritii Ypati, seu Basilii Magistri militum, instar et de Theodoro Ypato.

Item possessionem, quam tenet in Priatello cum terris, vineis, et olivetis, et plura alia loca.

In nova Civitate habet Fiscum publicum, ubi commanet, intus et foras Civitatem amplius quam duos centum colonos, per bonum tempus reddunt oleo amplius quam centum modia, vino magis quam amphoras duocentum, alnona seu castaneas sufficienter; piscationes vero habet, unde illi veniunt per annum amplius quam quinquaginta solidi mancosi absque sua mensa ad satietatem.

Omnia ista Dux ad suam tene manum, exceptis illis CCCXLIV solidis sicut supra scriptum est, quod in Palatio deberet ambulare.

De forcia unde nos interrogastis, quam Joannes Dux nobis fecit, quod scimus, dicimus veritatem.

I Capitulo. Tulit nostras silvas, unde nostri Parentes herbaticum, ed glandaticum tollebant; item tulit nobis Casalia inferiora, unde Parentes nostri, ut supra diximus, similiter tollebant. Modo contradicit nobis Joannes.

Insuper sclavos super terras nostras posuit; ipsi arant nostras terras, et nostras runcoras, segant nostras pradas, pascunt nostra pascua, et de ipsis nostris terris reddunt pensionem Joanni.

Insuper non remanent nobis Boves, neque Caballi; si aliquid dicimus, interimere nos dicunt. Abstulit nostros Casinos quos nostri Parentes secundum nostram consuetudinem ordinabant.

II Cap. Ab antiquo tempore dum fuimus sub potestate Græcorum Imperii, habuerunt Parentes nostri consuetudinem habendi actus Tribunati, Domesticos, seu Vicarios, nec non Locoservatores, et per ipsos honores ambulabant ad communionem, et sedebant in Congressu unusquisque per suum honorem, et qui volebat meliorem honorem habere de Tribuno, ambulabat ad Imperium, quod ordinabat illum Ypato. Tunc ille, qui Imperialis erat Ypatus, in omni loco secundum illum Magistrum militum procedebat.

Modo autem Dux noster Joannes constituit nobis Centarchos, divisit populum inter filios, et filias vel generum suum, et cum ipsi pauperes ædificant sibi Palatia. Tribunatos nobis abstulit; liberos homines non nos habere permittit, sed tantum cum nostris servis facit nos in hoste ambulare, libertos nostros abstulit advenas homines ponimus, in casa, vel ortora nostra nec in ipsos potestatem habemus.

Græcorum tempore omnis Tribunus habebat excusatos quinque, et amplius, et ipsos nobis abstulit.

Fodere nunquam dedimus, in curte nunquam laboravimus, vineas nunquam laboravimus, calcarias nunquam fecimus; casas nunquam edificavimus; tegoria nunquam fecimus; canes nunquam pavimus; col-

lectas nunquam fecimus, sicut nunc facimus; pro unoquoque bove unum modium damus, collectas de ovibus nunquam fecimus, quomodo nunc facimus, unoquoque anno damus pecora, et agnos; ambulamus navigio in Venetia, Ravennam, Dalmatiam, et per flumina, quod nunquam fecimus. Non solum Joanni, hoc facimus, sed etiam ad Filios, et Filias, seu Generum suum.

Quando ille venerit in servitium Domini Imperatoris ambulare aut suos dirigere homines, tollit nostros caballos, et nostros filios cum forcia secum ducit, et facit eos sibi trahere saumas procul fere triginta, et amplius millia, tollit omnia eis quidquid habent, et solummodo ipsa persona ad pedes remeare facit propria. Nostros autem caballos aut in Franciam eos dimittit, aut per suos homines illos donat.

Dicit in populo. Colligamus exenia ad Dominum Imperatorem sicut tempore Græcorum faciebamus, et veniat Missus de Populo una mecum, et offerat ipsos exenios ad Dominum Imperatorem. Nos vero cum magno gaudio colligimus: quandoque venit deambulare, dicit: non vobis oportet venire: ego ero pro vobis intercessor ad Dominum Imperatorum; ille autem cum nostris donis vadit ad Dominum Imperatorem, placitat sibi, vel filiis suis honorem, et nos sumus in grandi oppressione et dolore.

Tempore Græcorum colligebamus semel in anno, si necesse erat, propter Missos Imperiales; de centum capita ovium, q. habebat, unum, modo autem q. ultimum tres habet, unum exinde tollit, et nescimus intueri per annum sui actores exinde prendunt. Ista omnia ad suum opus habet Dux noster Joannes, quod nunquam habuit Magister Militum Græcorum, sed semper illi Tribunos dispensabat ad Missos Imperiales, et ad Legaturios euntes, et redeuntes. Et istas collectas facimus, et omni anno volendo nolendo quotidie collectas facimus.

Per tres vero annos illas decimas, quas ad Sanctam Ecclesiam dare debuimus ad paganos sclavos eas dedimus, quando eos super Ecclesiarum, et popolorum terras eos trasmisit in sua peccata, et nostra perditione.

Omnes istas angarias, et superpositas quæ prædictæ sunt, violenter facimus, quod Parentes nostri nunquam fecerunt, unde omnes devenimus in paupertatem, et irrident nostros Parentes et quicumque convicini nostri Venetiæ et Dalmatiæ, etiam Græci sub cujus antea fuimus potestate. Si nobis succurrit Dominus Carolus Imperator, possumus evadere; sin autem melius est nobis mori, quam vivere.

Tunc Joannes dux dixit: Istas silvas, et pascua, quæ vos dicitis, ego credidi, quod a parte D. Imperatoris in publico esse deberent; nunc autem si vos jurati hoc dicitis, ego vobis non contradicam.

De collectis ovium in antea non faciam, nisi ut antea vestra fuit consuetudo. Similiter et de exenio D. Imperatorea. De opere, vel navigatione, seu pluribus angariis, si vobis durum videtur, non amplius fiat. Libertos vestros reddam vobis secundum legem Parentum vestrorum; liberos homines habere vos permittam, ut vestram habeant comendationem, sicut in omnem potestatem Domini nostri faciunt.

Advenas homines, qui in vestro resident, in vestra sint potestate.

De sclavis autem unde dicitis accedamus super ipsas terras ubi resideant; et videamus, ubi sine vestra damnietate valeant residere, resideant: ubi vero vobis aliquam damnietatem faciunt sive de agris, sive de silvis, vel roncora, aut ubicumque, nos eos ejiciamus foras. Si vobis placet, ut eos mittamus in talia deserta loca, ubi sino vestro damno valeant commanere, faciant utilitatem in publico, sicut et cæteros populos.

Tunc prævidimus nos Missi Domini Imperatoris, ut Joannes Dux dedisset vadia, ut omnia prælata superposita, glandatico, herbatico, operas, et collectiones, de Sclavis, et de angariis, vel navigatione emandandum; et ipsa vadia receperunt Damianus, Honoratus, et Gregorius. Sed et ipse populus ipsas concessit calumnias in tali vero tenore, ut amplius talia non perpetrasset. Et si amplius istas oppressiones ille, aut sui hæredes, vel actores fecerint, Nostra Statuta componant.

De aliis vero causis stetit inter Fortunatum venerabilem Patriarcham, seu suprascriptos Episcopos, sive Joannem Ducem, vel reliquos Primates, et populum, ut quidquid jurati recordarent, et dicerent secundum suum sacramentum, et ipsas breves, omnia adimpleret, et qui adimplere noluerit, de illorum parte componat coactus in Sacro Palatio auro mancosos lib. novem.

Hæc Dijudicatio, et Convenientia facta est in præsentia Missorum D. Imperatoris Izone presbitero, Cadolao, et Ajoni et proopriis manibus subscripserunt in nostra præsentia.

☩ Fortunatus misericordia Dei Patriarcha in hac repromissionis charluta antefacta, manu mea subscripsi.

☩ Johannes Dux in hac repromissionis charluta mm. ss.

☩ Stauratius Episcopus in hac rep. char. mm. ss.

☩ Theodorus Episcopus.

† Stephanus Episcopus.
† Leo Episcopus.
† Laurentius Episcopus.

† Petrus peccator Diaconus S. Aquilejensis Metropolitanæ Ecclesiæ hanc repromissionem ex jussione Domini mei Fortunati Sanctissimi Patriarchæ, seu Joannis gloriosi Ducis, vel suprascriptorum Episcoporum, et Primatum Populi Istriæ Provinciæ scripsi, et post roborationem testium chartulam roboravi †.

V

L'ISTRIE SOUS LES EMPEREURS ALLEMANDS

Ainsi promulguée, la Charte istrienne subit, au cours des trois siècles, pendant lesquels la province resta rattachée à l'empire d'Occident, des modifications sensibles, qui partagèrent l'histoire du pays en trois périodes : celle des ducs électifs, de la conquête de Charlemagne (789), à 1177; celle des ducs héréditaires, de 1177 à 1230; celle de la suprématie des patriarches d'Aquilée, de 1230 à 1331.

Tant que dura l'autorité des ducs électifs, Pola conserva son rang de métropole de l'Istrie et de siège du gouvernement. Ce fut une époque troublée, mais non sans grandeur et qui, au demeurant, fut la plus florissante de la contrée. Le duc Giovanni, déposé par Charlemagne, pour avoir voulu aggraver les charges du peuple et modifier la forme des anciennes institutions, ses successeurs restèrent fidèles à la Charte et s'appliquèrent surtout à doter Pola de nombreux monuments. En 857, l'église du Dôme était construite par l'évêque Andegiso, abbé de Santa Maria di Canneto; l'église de S. Michele l'était peu après, vers l'an Mille. La première était purement byzantine; dans la seconde, on se plaisait à reconnaître l'influence de l'Occident.

Par malheur, les communes, jalouses de leurs privilèges, conservaient leur autonomie. Elles pouvaient se faire la guerre et traiter de la paix. Cet état de choses eut pour conséquence un tel état d'affaiblissement, que les Vénitiens monopolisèrent la navigation et le commerce de l'Adriatique, et devinrent, en très peu de temps, maîtres sans conteste de la mer. Dans la première moitié du xiiᵉ siècle, quelques villes, cependant, tentèrent de réagir et entreprirent, sans grand résultat, quelques courses maritimes. Une coalition des villes de la côte aurait même eu lieu, si l'on en croit les Chroniques istriennes, au lendemain de la première Croisade, qui, un instant, aurait tenu Venise en échec. Le châtiment, en tous les cas, ne se fit pas longtemps attendre. En 1142, la flotte du doge Dominico Morosini venait assiéger Pola, l'enlevait de vive force et la mettait entièrement à sac. C'était la première étape de la ruine, qui, au cours des deux siècles suivants, n'allait faire que s'accentuer.

L'Istrie avait pris une part active aux Croisades, sous l'impulsion des Templiers, qui s'y étaient fixés, lors de la création de l'Ordre, en 1118. Dès l'an Mille, le monachisme y avait fleuri. Pola avait ses Bénédictins, ses Franciscains, ses Ermites de Saint-Augustin et ses chevaliers de Rhodes; les Templiers occupaient Altura et le Prato Grande. Leurs abbayes les plus renommées étaient celles de Santa Maria Formosa et de S. Michele in Monte, célèbre par le séjour qu'y fit le Dante; les Franciscains et les Augustins détenaient la Misericordia, S. Francesco, S. Matteo, S. Andrea del Porto, S. Girolamo, les Brioni et Vruda; les moines, Santa Catarina et S. Teodoro. De toutes parts s'y élevaient des églises et des chapelles; et, en 1015, les Camaldules avaient, par autorisation spéciale, érigé, à côté de la basilique de Pola, une chapelle dédiée à S. Michele, où, soixante-douze ans plus tard, le roi de Hongrie, Salomon, était venu reposer.

Devenu héréditaire en 1170, le duché d'Istrie passa sous l'autorité de la famille des Eppenstein, des Sponheim et des Andechs-Méran, originaires de Carinthie. Les nouveaux maîtres du pays n'y tinrent point résidence, au grand préjudice de la province, qui, trop livrée à elle-même, devint le théâtre des discordes de ses municipes, et se trouva bientôt à la merci de l'étranger.

La guerre venait d'éclater entre Venise, Pise et Gênes. Pola, qui se souvenait de la destruction de sa prospérité, en 1193, ouvrit ses portes aux Pisans. Reprise par les Vénitiens, elle était, une fois encore, démantelée; mais ce nouveau revers n'avait point, cependant, raison d'elle; peu de temps après elle s'unissait aux Génois. Cette nouvelle alliance, de même que la première, la conduisait à un désastre. En 1243, les doges Giacomo Tiepolo et Leonardo Quirini l'enlevaient de vive force et la châtiaient cruellement. Pisans et Génois n'avaient eu d'ailleurs, au cours de cette campagne, qu'un but : empêcher Venise de monopoliser, à son profit, le commerce et la navigation de l'Adriatique, qui, depuis la dernière Croisade, semblaient se diriger en entier vers elle. Et celle-ci, sentant l'insécurité de ses établissements d'Istrie, prit le parti de raser à nouveau Pola, afin de prévenir son occupation par l'un de ses rivaux, capable de lui disputer la priorité sur mer.

Aux guerres extérieures venaient se greffer les discordes civiles. En 1230, l'Istrie avait passé sous l'administration des patriarches d'Aquilée. Ceux-ci tentèrent de faire à leur profit l'unité de la province, mais la désorganisation des municipes avait jeté un tel trouble dans l'état de leurs budgets, qu'en quelques années, la dette de Pola s'était accrue de 2 000 livres, somme considérable pour ce temps. D'autre part, la rentrée de l'impôt ne s'effectuait que mal ou même pas, et les patriarches se trouvaient dans l'impossibilité d'apporter remède à cet état de choses et de maintenir, par la force, la ville dans l'obéissance. Le relâchement de l'autorité devint tel, que le peuple, enclin à l'insubordination, s'agita pour obtenir un affranchissement complet. Deux partis se trouvaient ainsi en présence. L'un, celui des Jonatasi, qui voulait que le peuple conservât le pouvoir et continuât à s'administrer lui-même; l'autre, qui entendait le confier à un chef, choisi parmi les grandes familles nobiliaires, et qui portait ce choix sur les Sergi, illustre maison, d'origine romaine, ayant rang de Duumvir.

Cette famille des Sergî Polensi était comblée de titres et d'honneurs. Il lui avait été concédé même d'élever un arc de triomphe à trois de ses membres, tous trois édiles, l'un chef de la XXIXᵉ légion, l'autre censeur du municipe. A l'intérieur des campagnes polensaires et parentinaises existaient alors de nombreuses seigneuries, que leurs maîtres prétendaient tenir de l'Église d'Aquilée, de Pola, de Parenzo et des ducs d'Istrie, mais dont, en réalité, ils avaient été dotés autrefois par les empereurs. De nombreux privilèges étaient afférents à chacune d'elles. Leurs châtelains, les Nascinguerra, les Vincinguerra, les Fortinguerra, batailleurs, ainsi que leurs noms seuls l'indiquent, étaient tous désignés pour soutenir sa cause, ayant eu, presque tous, maille à partir avec les municipes des villes. L'un d'eux, Monfiorito, au cours d'une querelle avec l'évêque de la Parentinaise, au sujet d'une investiture, n'avait pas craint d'entrer à main armée à Parenzo, d'assaillir le palais épiscopal et de jeter à la mer la Charte, qui avait déterminé le conflit.

A Pola, les Sergî occupaient un rang analogue. D'abord, capitans généraux du peuple, à titre temporaire, puis électifs, la charge était devenue héréditaire dans leur famille. A l'exemple de leurs voisins, ils quittèrent la ville, pour habiter, sur la colline de Pola, leur château du *Campidoglio*, vaste donjon, de forme elliptique, dont les murs et les tours commandaient la cité. De ce château, désormais leur résidence, allait découler leur nom de seigneurs de Castro-Polæ ou Castropola, qu'eux-mêmes prenaient avec le titre nobiliaire comtal.

Les gens de Pola supportèrent mal la création de la nouvelle seigneurie et, ne pouvant la détruire de vive force, résolurent le massacre de toute la famille des Castropole. C'était l'habitude, à l'église patriarcale, de s'assembler en une procession solennelle, le soir du Vendredi Saint. Toute la population s'y rendait, et les Castropole ne pouvaient se dispenser d'y paraître. Les conjurés se partagèrent en deux groupes, sous les ordres des Jonatasî. L'un, revêtu du costume des Frères de San Stefano, la face couverte du capuchon rabattu, qui, aussitôt la procession sur le seuil de l'église, devait exterminer les Castropole. L'autre, qui, au même instant, devait assaillir le château et égorger la garnison. Un jeune enfant échappa seul au massacre, sauvé par un Frère Franciscain, qui réussit à le cacher dans une chapelle souterraine. La famille qui en issut se montra, dans la suite, reconnaissante envers le couvent, qu'elle dota d'une église, à laquelle resta attaché le nom de Castropola. Ceci se passait en 1271. La réaction qui se produisit après cet abominable crime, l'incapacité des gens de Pola à se gouverner eux-mêmes, ne firent que fortifier le pouvoir des Castropole, qui rentraient bientôt dans la cité et y réoccupaient leur ancien rang.

Tandis que se déroulaient ces évènements, les Vénitiens avaient étendu leur domination sur Parenzo, dont Capodistria avait voulu faire la conquête. Au siège d'alors, avait pris part un Castropole, ce qui décida la population de Parenzo à s'allier aux Vénitiens. S. Lorenzo del Parenadego leur avait été livré en 1271; Rovigno en 1330. Si bien, qu'à dater de cette heure, Venise, devenue en quelque sorte protectrice de l'Istrie, soutint le mouvement particulier. En 1328, Pola s'était, une fois encore, déclarée pour les Génois et tombée, de nouveau, au pouvoir des armées vénitiennes, elle était, une fois de plus, démantelée et saccagée. De cette heure, il devint évident qu'il était impossible de conserver les anciens statuts et qu'une amitié lointaine ne pouvait la préserver des ennemis voisins.

Sur ces entrefaites, les Castropola avaient repris leur ancienne omnipotence. Le mécontentement de la populace s'en accrut, et l'assemblée du municipe décida, en 1331, de livrer la ville aux Vénitiens et de bannir la famille de ses seigneurs. Le capitan du peuple, Dettacomandi, entra en pourparlers avec le capitan des Pisans, Giovanni Contarini, et la reddition fut décidée. La municipalité donnait au doge de Venise la forteresse, la ville, le château et ses biens. Elle abandonnait ses prérogatives judiciaires, jurait fidélité et renonçait à son droit d'appel en cour de Ravenne. En échange, elle demandait au doge de se faire représenter par un fonctionnaire, investi de pleins pouvoirs judiciaires, tant au civil qu'au criminel, se réservant d'être gouvernée, selon les statuts en vigueur, par des fonctionnaires subalternes, choisis parmi les habitants de la cité. La clause principale avait trait au bannissement des Castropole, auxquels devait être interdit le territoire de l'Istrie, du Frioul et de la Schiavonie. Venise accepta la reddition de Pola, relégua les Castropole à Trévise et envoya un podesta, portant le titre de comte, pour la représenter.

De la terrible lutte de Gênes contre Venise, au siècle suivant, allaient surgir pour l'Istrie de nouveaux désastres. En 1354, les Génois prenaient Pola, et la mettaient à feu et à sang. Un peu plus tard, en 1379, la flotte vénitienne, sous le commandement de l'amiral Vettor Pisani, était à l'abri dans son port; la flotte génoise l'attendait dans le canal des Brioni, et lui offrait la bataille. Pisani la refusait, mais les officiers sous ses ordres émettaient un avis contraire, et le conseil d'amirauté réuni, le combat était décidé et livré. Les Vénitiens étaient complètement défaits; sept galères à peine échappaient seules à la destruction générale, et, fort endommagées, pouvaient regagner Venise et y apporter la nouvelle de la déroute. Vettor Pisani était jeté en prison, mais cela ne sauvait point Pola d'une terrible répression. Une fois encore, ses murailles étaient rasées, et les ruines de toutes parts s'y amoncelaient.

La peste venait ajouter ses maux à ceux de ces guerres interminables. En même temps, les anciens édifices étaient saccagés pour servir à la réparation des remparts. La population disparaissait presque dans la tourmente. Si bien, qu'à la fin du siècle, le pays n'était plus qu'un amas de ruines, et que le Dante, qui, à ce moment, séjourna à S. Michele in Monte, consacrait à Pola cette strophe de l'*Inferno* :

> *Siccome a Pola presso del Quarnaro*
> *Che Italia chiude e i suoi termini bagna*
> *Fanno i sepolcri tutto il loco varo.*

Et l'on a fait judicieusement remarquer que le séjour du Dante à Pola se place entre

1302 et 1321, alors que la ville, quoique dévastée, n'avait pas eu à subir la peste terrible, qui avait réduit sa population à 300 habitants. Néanmoins, les églises furent épargnées, selon le droit alors en usage. Seule, Santa Maria di Canneto, qui depuis nombre de siècles était unie à San Andrea nel Porto, fut jetée bas. Ses marbres, ses colonnes, ses bronzes prirent le chemin de Gênes, et servirent à en orner la basilique. Cette destruction était celle de la seconde église de Pola, le Dôme ayant déjà été, en 1379, ruiné par les Génois.

Au siècle suivant, on essaya de repeupler la cité en y transportant des colonies étrangères. De nouvelles législations entrèrent en vigueur. Le dôme fut réparé; l'on s'appliqua à relever les édifices en ruines. Mais l'effort tenté resta sans effet. Le mouvement commercial avait changé dans l'Adriatique. De nouvelles pestes ravagèrent la contrée, et de soixante-douze villes qu'elle comptait, treize à peine pouvaient, au commencement du XVIIᵉ siècle, porter ce nom.

VI

TABLEAU CHRONOLOGIQUE DE L'HISTOIRE ISTRIENNE

Avant notre ère.

Transmigration des Istriens, venus du Pont-Euxin et de la Mer Noire à l'Adriatique. Nom donné à la province. Fondation de Pola.

221. Les Istriens attaquent les navires romains.

179. Guerre de Rome contre l'Istrie.

178. Conquête de l'Istrie par les Romains; fondation de la colonie de Pola.

42. Prise et destruction de Pola par les soldats d'Auguste au cours des guerres civiles.

42. Pola repeuplée par de nouvelles colonies prend le nom de Julia Pietas.

19. Érection d'un temple en l'honneur d'Auguste.

De notre ère.

69-89. Construction de l'amphithéâtre.

99. Construction du temple de Trajan.

117-133. Institution des consuls, pour le gouvernement de Venise et de l'Istrie.

167-172. Construction de la porte Géminée; prolongation de l'aqueduc à la cité supérieure et inférieure.

326. Le fils de Constantin est mis à mort à Pola par ordre de son père.

354. Gallus César est assassiné à Pola.

493. Passage sous la domination des Goths.

524. Fondation de l'évêché.

539. Bélisaire conquiert Pola, pour l'empereur de Byzance. Création de l'Exarchat de Ravenne.

546. Construction de l'église de la Beata Vergine di Canneto, par ordre de l'archevêque de Ravenne Massimiano.

550. Fondation des abbayes de San Andrea dans l'île Majeure du port et de San Michele in Monte.

789. Pola passe de l'autorité de Byzance sous celle de Charlemagne. Institution du duché d'Istrie.

804. Parlement d'Istrie; rétablissement du municipe.

857. Construction du second Dôme de Pola.

933. Hostilités contre Venise.

988. L'empereur Otton donne à l'archevêché de Ravenne les abbayes de Santa Maria et de San Andrea nel Porto.

De notre
ère.

997. Le doge Pietro Orseolo renouvelle la paix avec Pola.

Construction de l'église de San Michele in Monte.

1028. L'évêché de Pola cesse d'être suffragant de Ravenne.

1060. Salomon, roi de Hongrie, se retire à Pola auprès d'Udalerico, duc d'Istrie.

1077. Le duché d'Istrie devient héréditaire et passe à la maison des Eppenstein.

1127. Le duché d'Istrie passe à la maison des Sponheim.

1150. Le doge Domenico Morosini assiège Pola et la met à sac.

1150. Les Templiers s'établissent à Pola.

1173. Le duché d'Istrie passe aux Andechs, ducs de Méran dans le Tyrol.

1193. Pola est prise par les Pisans, les Vénitiens s'en emparent et rasent les murs.

1230. L'Istrie passe au patriarchat d'Aquilée.

1243. Prise de Pola par les Vénitiens, commandés par Giacomo Tiepolo et Leonardo Querini.

1268. Création de la charge de *capitan* du peuple, conférée aux Sergi; discordes civiles. Lutte des Jonatasî contre les Sergi.

1279. Les Sergi se retirent dans leur château, et prennent le nom de Castropola. Complot formé par les Jonatasî. Massacre des Sergi, le Vendredi Saint. Un jeune enfant échappe seul, sauvé par un Franciscain.

1300. Reconstruction de l'église de San Francesco, telle qu'elle a subsisté jusqu'à nos jours, par libéralité des Sergi. Chapelle de San Giovanni dans le cloître.

1310. Les biens des Templiers sont administrés par l'archevêque de Ravenne.

1314. Les biens des Templiers passent à l'ordre de Rhodes.

1338. Pola est saccagée par les Génois.

1330. Dignano se soustrait à la domination de Pola.

1330. Soumission de Pola à Venise. Exil des Sergi.

1332. L'évêque de Pola enlève aux Sergi les feudataires qui relevaient de la juridiction épiscopale, et les donne aux Jonatasî.

1354. Pola est saccagée pour la seconde fois par les Génois.

1371. Peste terrible. Onze villes à peine conservent quelques habitants.

1379. Bataille dans le canal des Brioni entre Génois et Vénitiens, Pola est prise par les Génois, et démantelée; massacre des habitants; incendie de l'évêché; les objets précieux sont transportés à Gênes.

1406. Concile provincial des Franciscains à Pola.

1421. Repeuplement des îles Brioni.

1431. Réforme des statuts de Pola; restauration des murailles.

1451. Construction du Dôme de Pola.

1453. Les Augustins occupent l'église de la Misericordia.

1458. Construction du couvent de San Teodose.

1506. Maximilien, empereur, s'empare de Pola, que, peu de temps après, il restitue à Venise.

1580. L'église de San Nicolo est affectée au culte grec oriental, pour cinquante familles de Candie, sujettes de l'archevêché de Filadelfia en Vénétie.

1630. Construction de la forteresse, avec les ruines du théâtre.

1636. Grande peste.

1642. Destruction de l'abbaye de San Andrea, pour la construction d'un château.

1660. Une colonie de Monténégrins de Carnizza passe à Peroï, et obtient la cession de San Nicolio.

VII

L'ISTRIE SOUS LES DUCS DE CARINTHIE

L'Istrie passée sous la domination de Charlemagne (789) était, comme on l'a vu tout à l'heure, gouvernée par deux seigneurs, un duc et un comte. Le duc étendait son autorité sur le Frioul; le comte gouvernait l'Istrie qui comprenait la Vénétie, et relevait de ce qu'on désignait alors sous le nom de *Comes Italiæ*. Le duché, ainsi constitué, cessa d'exister en 952, en la personne du duc Henri, frère d'Otton, duc de Carinthie, et son territoire, subdivisé, forma quatre comtés, Cividale, Trévise, Padoue et Vicence. Mais, avec la chute du duché, les ambitions de chacun se firent jour. Le pouvoir central fut, de toutes parts, assailli; des usurpations se produisirent. Cividale et Goritz se séparèrent de l'Istrie; et de même, le duché de Carinthie s'émietta vers l'an 1200.

Les dynasties des Eppenstein-de-Sponheim et des Andechs-Méran donnent la liste suivante :

    986.   Enrico de Schiren et Wittelsbach.
    996.   Ottone de Carinthie.
    1003.   Corrado de Eppenstein, duc de Carinthie.
    1012.   Alberto de Eppenstein, duc de Carinthie.
    1035.   Corrado, fils d'Ottone, duc de Carinthie.
    1040.   Udalrico.
    1077.   Enrico, de la maison ducale de Carinthie-Eppenstein.
    1090.   Popone.
    1090.   Udalrico II, fils d'Udalrico Ier.
    1112.   Engelberto de Sponheim.
    1117.   Engelberto II, neveu de Popone.
    1127.   Enrico de Sponheim.
    1130.   Engelberto de Sponheim.
    1170.   Bertoldo, de la maison des Andechs, ducs de Dalmatie et Méran.
    1180.   Bertoldo II d'Andech et Méran.
    1204.   Enrico III d'Andech et Méran.

Avec ce dernier souverain, le duché cessa d'exister en 1208, par la renonciation de la Bavière à ses droits. En 1230, le dernier des Andechs, évêque de Bamberg, faisait de même, au nom des patriarches d'Aquilée, et l'Istrie passait aux mains des patriarches, en la personne de Bertoldo. Vers 1225, Carinthiens et Carnioles revendiquaient le pays pour la maison ducale de Carinthie, mais étaient repoussés par les patriarches et les Istriens.

VIII

PARENZO

Parenzo, située sur une presqu'île, jadis îlot, séparé du continent par un bras de mer, large de quelques brasses à peine, fut, comme le reste de l'Istrie, peuplée à l'époque préhistorique par des tribus d'émigrants, venues des bords du Pont-Euxin. La petite île de San Nicolo, toute plantée d'oliviers et de lauriers, qui s'étale en face de son port, en faisait un abri sûr, où les vaisseaux d'alors pouvaient mouiller au cours de leurs courses dans l'Adriatique. La côte, riche et fertile, doublait sa valeur stratégique et devait en faire, de bonne heure, un centre des plus florissants.

Son histoire se confond avec celle du reste de l'Istrie. Connue des anciens sous le nom de Παρεντιον, Parentium, le premier qui en fasse mention est Pline, qui la qualifie d'*Oppidum Istriæ civium Romanorum*. L'an 170 avant notre ère, elle passait sous la domination romaine, et formait la Xe région avec la Carnie ou Carniole. La Vénétie comprenait le reste de l'Istrie, qui, vers l'ouest, confinait à l'Adda, dont la capitale, Aquilée, atteignait alors à son apogée de splendeur. L'an 35, elle était incorporée à la colonie Juliæ, sous le nom de Julia Parentina, et formait une décurie. Dès cette époque, son port devint l'un des points d'attache de la flotte de Ravenne, et partagea, avec celle-ci, la garde de la mer.

Au temps de Néron, la presqu'île, tout entière, était couverte par les maisons de la ville. A la côte, s'étendaient les faubourgs, sur trois voies principales; l'une, qui venait de Trieste, par Castelier et Visinada; l'autre, qui descendait de Monte Maggiore, par Antignana; la troisième, qui se dirigeait par Leme, sur Pola, La voie principale divisait la cité dans toute sa longueur; d'autres voies, moins importantes, lui étaient parallèles, recoupées par des perpendiculaires, qui les partageaient en îlots réguliers de maisons basses. Sur la roche, située dans la partie la plus élevée de la cité, à la place où fut érigée plus tard l'église de S. Francesco, se trouvait situé le Champ de Mars, au milieu duquel, dans l'enceinte réservée au culte, s'élevaient le temple de la divinité capitoline, une basilique, et divers autres monuments. Le forum avait les mêmes dimensions et la même ordonnance que celui de Pola.

La partie réservée à la plèbe formait un rectangle, dont les proportions de largeur et longueur étaient entre elles comme les nombres deux et trois. Aux comices, décorés de statues, attenaient deux temples géminés; à droite, celui de Neptune, restauré sous Néron; à gauche, celui de Mars, ainsi que le voulait la coutume. La curie et le temple d'Auguste y étaient sans doute reliés. Par delà les faubourgs enfin, sur les grandes voies de commnication, s'étageaient les tombeaux, les cippes et les arcs de triomphe, ainsi que sur deux autres voies; l'une, qui s'enfonçait dans la montagne; l'autre, qui longeait le littoral. La première menait à Pinguenti, en passant au pied de divers châteaux; l'autre, à Cerveria et Ursaria.

Cette importance, prise par Parenzo, lui venait de sa position maritime sur l'Adriatique. En relations avec Aquilée et Ravenne, elle avait alors un vice-amiral résident. Son phare était le principal feu de la côte istrienne, dont les anses nombreuses sont remplies d'écueils.

Vers la fin de l'année 493, Parenzo passait sous la domination des Goths, et partageait le sort commun au reste de l'Istrie. Restée cependant prospère, grâce à ses relations avec Aquilée, ses revenus diminuèrent sensiblement sous Constantin, qui lui enleva les dîmes des territoires environnants, si bien que le trésor ne put faire face aux dépenses; et qu'après Julien, qui, en 361, s'était vu contraint à écouter ses doléances, Théodose dut, vers la fin du ive siècle, lui restituer ses prérogatives d'autrefois.

Le remède restait sans grand effet. En quatre-vingts ans, les conditions de l'existence de la ville s'étaient modifiées d'une façon sensible. L'arrivée des Barbares allait encore les altérer. Le règne de Théodoric fut prospère cependant et mémorable, par l'institution des évêchés istriens, institution à laquelle participa le pape Giovanni Ier, que Théodoric fit mander en 524 à Constantinople, et qu'il retint prisonnier à son retour, en l'accusant d'intelligence avec l'empereur Byzantin.

Ce fut ainsi, qu'à cette date, — selon le Dr Kandler — Eufrasio, décurion de Pola, fut élevé à l'évêché de Parenzo. Les institutions de l'Église, par lui constituée, allaient s'élaborer et se consolider, avec la tutelle byzantine, sous laquelle, en 539, retournait l'Istrie. Justinien ne changea pas grand'chose aux usages établis. Après la paix de Narsate, qui le dépouilla de l'Italie au profit des Lombards, en 569, la province istrienne resta attachée à l'empire, ainsi que Ravenne et la Pentapole, et continua à être régie par ses lois.

Parenzo avait alors sans doute une ancienne église, où s'étaient réunis les fidèles aux premiers temps du christianisme. Au déhors des murs, une autre existait, à San Stefano in Cemare, où les adeptes de la vie monastique se retiraient. A l'exemple de Trieste, qui compte ses premiers martyrs parmi ses nobles, il y a tout lieu de penser que Parenzo reçut de bonne heure l'Évangile. La liberté du culte reconnue en 313, une première église s'était élevée dans les murs de la cité. En 276, Ilaric, évêque d'Aquilée, y avait enseigné la foi nouvelle, par la parole et par l'exemple. En 315, S. Donato y convertissait, à son tour, les païens. Enfin, en 363, un décret était déjà rendu, qui déclarait les idolâtres inaptes à exercer les fonctions publiques; et en 380, un autre accordait aux chrétiens les temples antiques, ce qui semble établir que, dès le commencement du temps de Justinien, le temple de la divinité Parenzo était devenu l'église du vrai Dieu. Il demeure donc hors de doute que Parenzo avait une église publique, à l'intérieur de ses murs, avant la construction de celle du Dôme, dont Eufrasio allait être le fondateur.

Dans la terre de S. Lorenzo, existait, à cet instant, une basilique en renom, dont l'importance égalait celle de la basilique de Trieste, et qui remontait aux premiers temps de la liberté de l'Église. Les proportions de cet édifice, toutes romaines, sont de beaucoup supérieures à celles des monuments byzantins d'alors. Elle a trois nefs, terminées en niches semi-circulaires. La longueur est à la largeur comme les nombres deux et trois sont entre eux. Des colonnes soutiennent les nefs, recevant sur les sommiers, dont se couronnent leurs chapiteaux, la retombée d'arcs plein cintre, délimitant des baies, dont la largeur est à la hauteur comme un est à deux, alors que la largeur de la nef médiale est à sa hauteur comme trois est à cinq. Bases et chapiteaux portent encore la trace de l'enseignement classique. Les chapiteaux sont corinthiens, mais à une seule rangée de feuilles d'olivier, d'un travail assez imparfait. La construction de cette église avait précédé les temps byzantins; l'architecture est marquée au sceau de la tradition antique; tradition dégénérée, tombée en complète décadence, mais dont les thèmes ne sont pas encore entièrement perdus. De l'ensemble de ces caractères, on est autorisé à dégager cette double conclusion, que San Lorenzo fut bâti au IV° siècle, et que l'architectonie de l'église, qui devait alors exister à Parenzo, différait fort de celle que dédia l'évêque Eufrasio.

IX

LE DOME DE PARENZO

Cette église, dédiée par Eufrasio, le Dôme de Parenzo, fut commencée vers 539, et terminée vers 543, ainsi qu'il ressort de l'examen critique des documents conservés dans le trésor de la basilique et les archives de la ville. La construction achevée, Eufrasio et les pouvoirs publics durent aviser aux moyens de pourvoir à la dotation de l'évêché et du clergé.

L'acte de cette dotation est parvenu jusqu'à nous; non seulement il nous rend compte de l'origine des dîmes, mais encore de la façon dont celles-ci étaient réparties. Décrétées par les décurions, les gouverneurs les approuvèrent, et Justinien les sanctionna par l'intermédiaire de légats, envoyés de Byzance à cet effet.

Voici la traduction intégrale de ce document :

« Au nom du Père, du Fils et du Saint-Esprit.

« Régnant, Notre Seigneur Constantin, Empereur des Romains, Auguste, dans la xvi° année de son règne, le xxiv° jour du mois de Mars, Indiction VI.

« Nous, Eufrasius, par la grâce de Dieu, Évêque de l'Église Parentine, curateur des pupilles, des veuves et des orphelins ; Pasteur dans l'Église de la Bienheureuse Vierge Marie et du Bienheureux Maur lequel n'a pas refusé la palme du martyre pour le nom de Jésus-Christ.

« De pleine volonté et commandement de Constant et Laurent, légats de l'Empereur Flavius Justinien, qui sont avec nous ; étant présents le clergé et le peuple de Parenzo ; Claudio, notre archidiacre ; Massimo, notre archiprêtre ; Andrea, abbé de Saint-Jean, maître des milices, procurateur de l'Église Sainte-Marie et Saint-Maur et de beaucoup d'autres.

« *Voulons, commandons et ordonnons que le peuple de Parenzo, soit majeurs ou mineurs et tous habitants, qui résident sur les terres de notre Église, ou y ont élu domicile, ou y cultivent des terres, aient à payer pour dîme la quatrième partie des fruits, tant des vignes que des champs, récoltés par eux ; ainsi que faisaient leurs ancêtres ; nous engageant à ce que nos successeurs ne pourront aggraver cet impôt ; spécifiant que, quiconque du clergé et du peuple ou de leurs descendants possédant de cette manière, sûrement, librement et sans conteste, aura pouvoir de vendre, de donner, de permuter et de léguer pour son compte ou pour celui d'autrui, sauf le cens susdit, prélevé pour l'Église de Sainte-Marie et Saint-Maur.*

« *Statuons en outre et ordonnons, pour nous et pour nos successeurs, que les chanoines, desservants de notre église cathédrale aient le décime, prélevé sur toute possession, dans la commune de Parenzo, tant fruits de la terre qu'animaux ; qu'ils aient, en outre, le tiers du rendement des salines, que nous possédons dans l'île des Brioni ; le tiers des pêcheries appartenant à l'église Saint-Maur, sur les rives du Leme, et le tiers du rendement des moulins à eau de Pradula-Gradole.*

« *Voulons et ordonnons, que le clergé parentin, soit majeur soit mineur, ait douze dîmes chaque année, en communauté avec l'évêque de Parenzo. La première, à la fête de la Toussaint ; la deuxième, à la solennité de Saint Maur ; la troisième, le jour de la Noël ; la quatrième, à l'Épiphanie ; la cinquième, le jour de carnaval ; la sixième, le dimanche des Rameaux ; la septième, le Jeudi Saint ; la huitième, le jour de Pâques ; la neuvième, le jour de l'Ascension du Seigneur ; la dixième, à la Pentecôte ; la onzième, le jour de la fête de Saint Pierre apôtre ; la douzième, à l'Assomption de la Bienheureuse Vierge.*

« *Voulons en outre, qu'aucun évêque, notre successeur ou autre personne, ne cherche à molester aucun clerc de nos confrères, desservants de l'église de Sainte-Marie et Saint-Maur ; ni que les clercs du diocèse de Parenzo ne puissent être imposés du quart ou du décime, par aucune personne, en aucun temps.*

« *Nous, sus-nommé, Eufrasio ; que, soit de notre vivant, soit après notre mort, sous nos successeurs, si jamais qui que ce soit, voulait s'opposer à la présente institution, il encourre la malédiction de Dieu Tout-Puissant ; des SS. Apôtres, Pierre et Paul ; de Saint Maur martyr et des autres saints ; et, ait à payer une amende de vingt livres d'or au clergé et au peuple de Parenzo. Et que reste ferme et inviolable, à perpétuité, notre privilège.* »

Cet édit solennel resta longtemps en vigueur ; vingt-sept évêques, successeurs immédiats d'Eufrasio, y souscrivirent sans réserves ; le dernier d'entre eux fut Fulcherio, élevé à l'évêché en 1208. Entre temps l'église s'était enrichie de nombreuses dotations dont les actes nous sont parvenus.

C'est d'abord l'indulgence par laquelle le patriarche d'Aquilée, Rodoald, fait don à la basilique de Parenzo du château de Rovigno.

In nomine Patris et Filii et Spiritus Sancti.
Amen.

Rodoaldus supremo munere fretus S. Aquilejensis Ecclesiæ humilis Patriarcha legimus in Ecclesiasticis sanctionibus, quod nos, qui non nostro merito, sed Dei dono pectorum animarum, cimmo quia Patris aliorum Episcoporum orthodoxa etiam fides confirmat, viram, et sollicitudinem erga nostras subjectas Episcopus et eorum Ecclesias habere debremus, atque illorum damna et inopiam quasi propria deflere, ac postmodum in quantum valeamus Deo largiente eis solamen et auxilium cuncta publica et specialia lucra remota ubique afferre non deristamus. Quepropter hæc sancta præcepta et aliæ intuentes diligentiusque considerentes evadenda nostrum Episcoporum. Parentinorum scilicet Ecclesiam magna in opia et calamitate opresiam cognoscentes eidem pro Dei amore, atque Sancti Mauri martyris corpus ejus in honore dicatum est, nec non pro petitione et oratione suffraganeorum nostrorum Episcoporum Histriensium, Gaspeldi Polensis, Joannis Terjestini et Joannis Civitatis novæ ac pro consulto omnium aliorum nostrorum ganduum Ministrorum, nostrorumque fidelium consiliis, et pro consensu advocati nostri Azonis, quodam castrum quod nostro episcopatus nobis nostræ quæ Ecclesiæ pertinet Rubinensi nomine, quod etiam heu proh dolor nuper a nefondis Sclavis et duris barbaris destructum est. Adam præfectæ Ecclesiæ ejusque successoribus præfatum castrum concedimus et omnino in illorum delegamus potestate ac dominio a nostris remota suc-

cessoribus. Sancimus præterea si alias ex nostris successoribus hoc privilegium a nobis factum, et apud nominatos ac ven. Episcopos hanc nostram securitatis privilegiique paginam constipulatum per aliquod ingenium violare tentaverit præfatæ Ecclesiæ Parentinæ ejusque Præsulibus qui pro tempore fuerint, coactus decem libres auri solutionis pœnam persolvat. Et hanc nostra privilegii confirmatis et formata securiter propria in solidate consistat.

Actum in civitate Aquileiæ sedis die XXII mensis Januarii, indictione vero octavo anno autem Incarnationis Domini nostri DCCCCLXI feliciter, Rodoaldus S. Aquil. Ecclesiæ Patriarcha in hoc constituto a me promulgato signum.

S. † feci et subscripsi.

Ganspaldus Episcopus simul †.

Ego. Jo. Episcopus simul †.

Fredebertus S. Ecclesiæ Parentinæ humilis Episcopus simul et alii multi sacerdotes subsriquerunt.

Auscultatum per me Joannem Evangelistam Mangosum.

Notarium Ravennæ.

A cette dotation l'empereur Othon ajoutait en 983 celle des châteaux de Mantona, Rosario et Negrignano.

In nomine Sanctæ et Individuæ Trinitatis.

Otto Divina favente clementis Rom. Imperator Augustus si Ecclesiarum Dei curam gerimus, eosque dilatore studuimus, Nostri imperii fastigium augumentare minime ambigimus. Quo cerca omnium S. Dei Ecclesiæ Fidelium nostrorum præsentium scilicet et futurorum noverit universitas, qualiter interventu ac petitione nostri dilecti Presbyteri Dudonis et Andreæ Diaconi nostri benevoli capellani, Adam Parentinæ Ecclesiæ Antistes nostram adiisse dementiam portulens nos quatenus Dei amore, nostræque animæ remedis nostra præceptali auctoritate omnia prædia suæ ecclesiæ, quæ antea a nostris antecessoribus Imperatoribus et Regibus pro suarum animarum remedis præfatæ Ecclesiæ donaverunt, qua in Basilica beatum corpus S. Mauri requiescit, sive quæ ab aliquibus Deo devotis fidelibus data sunt, vel quæ danda erunt confirmare et corroborare dignamus. Cujus dignis postulationibus aures nostræ pietatis inclinantes prætexatæ Ecclesiæ prædia nominata Mantonam, Rosarium, Nigrignanum, Turrim quæ est super piscatione Novæ et illa de Corvara, et Castrum Pisinum Modolanumque, quod a Regibus sue Ugone, largitum est, Rubinum quantum ad Episcopatum sive Parentinam Ecclesiam donatum est a nostris antecessoribus. Item in loco qui dicitur duo castella et valles cum omnibus pertinentiis suis justa et legaliter ad prædictum castrum partinentibus, nec non villis, terris, campis, vineis, pratis, aquis, aquarumque decorsibus, procationibus, molendinis, venationibus, montibus, planitrebus, villis cum omnibus rebus mobilibus et immobilibus quæ dici et nominari possunt, seu in quocuruque loco prænominatus Episcopatus terram habet per hoc præceptum confirmamus eidem Episcopo Adæ suisque successoribus et corroboramus. Præcipientes denique jubemus, ut nullus Dux, Patriarcha, Archiepiscopus, Episcopus, Marchio, Comes, Vicecomes nullaque regni nostri magna vel per persona prætexatum Præsulem suosque successores de omnibus prædictis rebus molestare templet reque ad uella placita hominibus super Terram eidem Parentinæ Ecclesiæ residentibus qui ab Episcopo reclamationem faciant nec invite ducantur, nisi ante præsentiam Præsulis suisque successoribus quiete et pacifiæ cuncta sua prædicta tenere et firmiter possidere omnium hominum contradictione penitiis remota. Si quis egitur hujus nostræ paginæ violator fuerit, quod minime iredimus, sciat se compositurum auri boni libras mille, mediatalem cameræ nostræ, mediatalem præfato Præsuli suisque successoribus.

Quod ut varius credatur diligentiusque ab omnibus observetur hanc paginam propria manu corroborantes sigilloque impressione in ferius condem jussimus insigniri.

Signum D. Ottonis sereniosimi Imperatoris invictismi.

Adalbertus Canonicus ad vicem Petri Episcopi.

Archicancellarii.

Datum VII Mensis Junii, Anno Domini Incarnationis DCCCCLXXXIII. Indictione XI. Regni vero D. Ottonis XXVI.

6

Actum Verone feliciter. Amen.
Auscultatum per me Julium Perisa Molesinum Notarium Ravenæ.

Enfin, l'an 1178, le pape Alexandre III ajoutait encore à ces dotations nombre d'églises et de châteaux.

Alexander Episcopus, servus servorum Dei. Ven. Fratri Petro Parentino Episcopo ejusque successoribus canonice substinendis in perpetuum. Quoties illud a nobis petitur quod religioni et honestati convenire dignoscitur animo nos docet libenter concedere et petentium desideriis, congruum impertire farcorum.

Ex propter, Ven. in Christo frater Episcope, tuis justis postulationibus benigne annuentes, Ecclesiam, cui auctore Deo, processe dignosceris sub B. Petri et nostra protectione suscipimus, et præsentis scripti privilegis communimus, statuentes ut quoscumque possessiones quæcumque bona eadem Ecclesia in præsentiarum juste et cœnonice possidet, aut in futurum concessione Pontificum, largitione Regum vel Principium, ablatione fidelium, seu aliis justis modis præstante Domino poterit adipisci, firma tibi tuisque successoribus et illibata permaneant.

In quibus hæc propriis duximus exprimenda vocabulis.

Monasterium S. Michælis de sub terra, Monasterium S. Barbaræ, Monasterium S. Michælis de Pisino, Monasterium S. Petronillæ in duobus Castellis, Monasterium S. Michælis de Valle, Ecclesiam S. Mariæ de Turre cum capellis suis, Ecclesiam de Nigrignano cum capellis suis, Ecclesiam S. Mariæ de Campo cum capellis suis, Ecclesiam de Rosario cum capellis suis, Ecclesiam de Montona cum capellis suis, Ecclesiæ de Zumesco cum capellis suis, Ecclesiam de Nebor cum capellis suis, Ecclesiam de Viralta cum capellis suis, Ecclesiam de Verna cum capellis suis, Ecclesiam de Pisino Maiore et Minore cum capellis suis, Ecclesiam de Arecis (Rozzo), Ecclesiam de Visinal, Ecclesiam de Antoniana, Ecclesiam de Curitico cum Ecclesiis suis, Ecclesiam S. Laurentii cum Ecclesiis suis, Ecclesiam de duobus Castellis cum Ecclesiis suis, Ecclesiam S. Vincentii cum capellis suis, Ecclesiam de Zemino cum capellis suis, Ecclesiam de Valle cum capellis suis, Ecclesiam de Modelano, canonicam de Rubino cum capellis suis, Ecclesiam de Ursario cum capellis suis, Castrum Ursariæ cum omnibus appenditiis, Castrum Castelleonis cum appenditiis suis omnibus, Ecclesiam S. Justi cum omni terra sua. Decernimus ergo ut nulli omnino hominum liceat supradictum Ecclesiam temere perturbare aut ejus possessiones auferre, vel oblatas retinere, minuere seu quibuslibet vexationibus fatigare, sed illibata omnia et integra conserventur eorum pro quorum gubernatione et substentatione concessa sunt unibus omnimodo profutura, salva sedis apostolicæ auctoritate. Si qua igitur in futurum ecclesiastica sæcularisve persona hanc nostræ constitutionis paginam sciens contraeam, temere venire tentaverit, secundo et tertio commonita nisi præsumptionem suam congrua satisfactione correxerit, potestatis honorisque sui dignitate careat, reaque se divino judicio de perpetrata iniquitate cognoscat et a sacratissimo corpore et sanguine Dei et Domini Redemptoris nostri Jesu Christi aliena fiat atque in extremo examine districto ultimi subjaceat. Cunctis eidem loco sua jura servantibus sit pax Domini nostri Jesu Christi quatemus et hic fructum bonæ actionis percipiant, et apud destructum Judicem præmia æternæ pacis invenient. Amen.

Ego Alexander Catholicæ Ecclesiæ Episcopus.
Ego Joan. Presby. Cardinalis G. S. Anestasiæ.
Ego Azo. Presby. Card. S. Pudentianæ et Pastoris.
Ego Manfredus Prenestinus Epis. S. S.
Ego Cinthius Diaconus S. Andriani, S. S.
Ego Ugo Diaconus, Card. S. Eustachii justa templeum Agrippæ.
Ego Ugo S. Angeli Diaconus Card. S. S.
Ego Ranuntius Diaconus Card. S. Georgei ad velum auraem.
Datum Venetiis in Rivo Alto per manum
Bardi S. Romanæ Ecclesiæ Ind. et. Nat. Mon. Aprilis.
Indict X. Incarn. Domin. MCLXXVIII.
Pontificatus B. Alexandri P. P. anno ejus XVIII.
Auscultatum per me Julium Brusa Molinum, Notarium Ravenæ.

Peu de temps après la construction du Dôme de Parenzo et la promulgation de cet édit, Eufrasio n'en prenait pas moins fait et cause dans l'une des querelles qui désolèrent l'Église d'Orient, au lendemain du concile de Chalcédoine, le schisme des Trois Chapitres. Trois conciles généraux venaient de condamner tour à tour Théodoro, évêque de Mopsueste, pour hérésie eutychienne; Théodoreto, évêque de Ciro, pour son livre contre Cyrille, évêque d'Alexandrie; Iba, évêque d'Édesse, pour sa lettre qui louait Théodoreto, et réprouvait le patriarche alexandrin. Justinien, qui avait pris parti dans ces querelles, entre orthodoxes et eutychéens, lors de la réunion du iv⁰ concile, avait exigé que l'anathème fût lancé contre les trois condamnés, et promulgua, à cet effet, en 544, un édit contenant trois propositions, connu en théologie sous le nom τρια Κεφαλεια ou des Trois Chapitres, après avoir obtenu, au préalable, du pape Virgile, le prononcé de la censure contre les écrits des trois délinquants.

Le schisme n'était pas étouffé, cependant; tout au contraire, il s'étendait bientôt à l'Italie supérieure et à l'Istrie. Justinien appelait alors, en 548, le pape Virgile à Constantinople, et l'engageait à anathématiser, à son tour, les Trois Chapitres; mais, devant l'opposition de la majeure partie du clergé occidental, non seulement le Souverain Pontife n'acceptait point un second édit de l'Empereur, promulgué en 551, mais n'intervenait pas au v⁰ concile œcuménique de Constantinople, tenu en 553. Sous le successeur de Virgile, Pélasge I⁰ʳ, le mouvement grandissait encore et gagnait toute la province. A sa tête se plaçait Paolino, évêque d'Aquilée, auquel s'unissait la majeure partie des évêques de l'Illyrie et du Norique, qui le reconnaissaient pour patriarche, tandis qu'à la même heure, l'archevêché de Ravenne se séparait du pontificat romain. Cette rupture allait durer cent cinquante ans, bien qu'à la mort de Pélasge et de Justinien, en 565, une telle controverse eût perdu déjà beaucoup de sa violence. Le premier, le pape Grégoire le Grand (590-604), entra dans la voie de la réconciliation. Et après lui, le pape Serge I⁰ʳ (627-701), réussissait enfin, dans le synode d'Aquilée, à ramener à lui les derniers dissidents.

Dès la première heure, Eufrasio s'était rallié au schisme, suivant en cela l'exemple de Massimiliano de Capo d'Istria, archevêque de Ravenne. Lors de la consécration de l'église de la Beata Vergine di Canneto, par l'évêque Maximien, à laquelle assistèrent tous les prélats du diocèse, lui et Massimiliano manifestèrent seuls leur opposition aux Trois Chapitres, en s'abstenant de se rendre à Canneto. Déclarés contumaces, même après la réunion du v⁰ concile, le pape Pélasge écrivit à Narcès, lieutenant de l'Empereur en Italie, pour lui donner ordre d'avoir à les chasser de leur siège. Dans cette lettre, le pape inculpait Eufrasio d'inceste, d'adultère et d'homicide et le déclarait déchu.

Tels sont les documents, en apparence les plus authentiques, relatifs à la fondation de l'église du Dôme de Parenzo, et à son premier évêque; ce sont eux dont la donnée restera pour nous acquise, au cours de cette étude historique. L'impartialité nous oblige, toutefois, à tenir compte d'autres pièces, conservées dans les archives parentines, dont les dates sembleraient devoir infirmer l'authenticité des premières, s'il n'était permis de les soumettre à une critique comparative; que, l'exposé de ces documents fait, nous tâcherons de résumer.

X

LES DOCUMENTS DATÉS DU RÈGNE DE L'EMPEREUR OTHON

Tout d'abord, une légende s'est faite autour d'eux, rapportée intégralement, au xvıı^e siècle, par Jacques-Philippe Tommasini, évêque de Cittanova, dans le ıv^e livre de ses *Commentaires historiques et géographiques de la province d'Istrie*. De cette légende, il ressort qu'au xe siècle, alors que les patriarches de Grado et d'Aquilée se disputaient la suprématie sur les églises de l'Istrie, et que les Empereurs allemands prétendaient à la possession de son sol et organisaient à l'intérieur du pays, pour y parvenir, la puissance féodale, Othon Ier aurait bâti et dédié l'église du Dôme de Parenzo.

Jeté à la côte istrienne, par une tempête, au cours d'un voyage en mer, effectué par lui, en 960, l'Empereur en péril avait, selon cette tradition, fait vœu à la Vierge de lui bâtir une église. Et la Bienheureuse lui était apparue et lui avait ordonné d'en élever trois. L'une, à la place où, le matin, il verrait des lys blancs, au nom de sa très sainte Annonciation; la seconde, à celle où croîtraient des fleurs rouges, en l'honneur de son Assomption; la troisième, à celle où s'épanouiraient des fleurs bleues, en celui de sa Nativité. La première avait été érigée dans l'île *Anie*, — Arbé ? — ; la seconde, à Parenzo; la troisième, à Murano.

Et non seulement l'Empereur observa strictement les conditions imposées ainsi par la Vierge, mais, l'église de Parenzo terminée, il introduisit une instance auprès du pape Jean XII, pour qu'il se fît représenter à la consécration de la basilique. Le pape déféra à cette supplique, et délégua le patriarche d'Aquilée, qui, le 8 mai 961, procédait, entouré de nombreux évêques, à la cérémonie en question, ainsi qu'il appert de ce document :

Noverint universi, quod nos Rodealdus S. Sedis Aquilejensis Patriarcha ex voluntate et præcepto sanctissimi Patris et Domini Joannis Papes XII convocatis venerabilibus Patribus et Dominis, Gaspaldo Polensio ecclesiæ Episcopo ; Joanne Tergestinæ ecclesiæ episcopo ; Fredeberto Potenæ ecclesiæ episcopo; Joanne Civitatio-novæ ecclesia episcopo ; Alberico Concardiensis ecclesiæ episcopo ; Hergeno ecclesiæ Brixiensis episcopo ; Alberto Ruperto Feltrensis ecclesiæ episcopo, Giraldo Vicentinæ ecclesiæ episcopo; Martinus Parvisiensis ecclesiæ episcopo ; Milone Veronensis ecclesiæ episcopo ; Zenone Paduanensi ecclesiæ episcopo, una cum venerabili Patre Adam Parentinæ ecclesiæ episcopo, consecravimus Ecclesiam Parentinam in honorem, Sanctissimæ Mariæ Virginis, sancti Mauri martyris et S. S. aliorum martyrum. Unde nos Rodoaldus S. Sedis Aquilejensis Ecclesiæ Patriarcha et quilibet prædictorum Episcoporum per se in consacratione prædicta et in omni anno fin esto dedicationis ipsius omnibus et quilibet vere pæni-

tentibus, et confessis, qui ad eam Ecclesiam pervenerint annum unum et quadraginta dies de vera sibi pœnitentia, auctoritate apostolica misericorditer in Domino relexamus.

Tenor autem commissionis supradictæ nobis factæ per sanctissimum Patrem Dominum Joannem XII talis est.

Suit la lettre du pape Jean XI au patriarche Rodoald, l'investissant des pouvoirs nécessaires, pour procéder à cette consécration :

Joannes Episcopus servus servorum Dei Venerabili Fratri Rodoaldo Patriarchæ Aquilejensi salutem et apostolicam benedictionem. Accendens ad prærentiam nostram Otho Roman.

Imperator humiliter postulari quodcum ipse Parentii Ecclesiam dotavis et dignaremur ad illam personaliter accadere et obreverentiam Beatæ Mariæ Verginis in cujus honorem dicta Ecclesia est fundata et Beati Mauri Martyris cujus corpus in dicta Ecclesia requiescit, deberemus eamdem. Ecclesiam consecrare, Ant. ancte aplica committere ipsem Ecclesiam Parentinam consecrandam. Confideates igitur de tua prudentia suis justis postulationibus inclinati, ancte aplica tibi plenarie committimus et inaudamus, quotemus tibi ad junctis.

Archiepiscopis et Episcopis sicuti poteris undecumque vocalis, dictam Ecclesiam Parentinem cum prædictis Archiepiscopis et Episcopis ad hunc vocalis in Domino debeos consecrare.

Nos autem omnibus Christi fidelibus vere pœnitentibus et confessis, qui ad dictam consecrationem, sui omni anno in anniversario dedicationis, etiam causa devotionis accesserint, de omnipotentis Dei misericordia, B. B. Apostolorum Petri et Pauli aûse confisi plenariam remissionem suorum peccatorum de injunctis sibi pœnitentibus relaxamus.

Datum Romæ XII Kal. Aprilis. Pont. anno primo.

De cette légende et de ces documents, bien peu de chose est resté, tant la critique s'est appliquée à en prouver l'inexactitude. La première n'avait aucune base sérieuse. Mise en circulation par un certain Ciriaco d'Ancône, dit l'Antiquaire, qui vivait vers la première moitié du xve siècle, les recherches des abbés olivétains, Lorenzo Mechas et Annibal ; d'Antonio Agostino, du Vossio, en ont eu vite raison. D'autre part, Ermano Contrato, continuateur de l'analyste saxon Reginald ; puis, après lui, Pazi et Lisutti relevèrent tant d'inexactitudes et d'invraisemblances dans les deux documents cités, qu'ils les ont classés comme apocryphes, pour ces raisons surtout, qu'aucun patriarche portant le nom de Rodoald n'occupa le siège d'Aquilée, aux alentours de l'an 961, que l'Empereur Othon ne fit jamais de voyage par mer et que les dates indiquées sont fausses de point en point.

XI

LE TABERNACLE DU TRÉSOR DE LA BASILIQUE

Ces documents écartés, l'incertitude n'en reste pas moins grande pour fixer la date exacte de la construction de l'église du Dôme ; et cela, du fait même de documents considérés comme officiels.

L'on conserve dans le trésor de la basilique parentine un tabernacle de marbre blanc, dont l'inscription désigne un évêque, nommé Eufrasio, comme le fondateur de l'église (*hunc locum*); mais en plaçant cet événement sous le pontificat d'un pape nommé Jean.

Famulus Dei Eufrasius antistes temporibus suis ajens annum undecimum hunc locum condidit a fundamentis Domino Johanne beatissimo antistos sanctæ ecclesiæ catholicæ.

Parmi les papes portant le nom de Jean, quel peut être celui désigné par cette inscription? Si l'on se rappelle que l'Eufrasio, si durement inculpé par Pélasge Ier, lors du schisme des *Trois Chapitres*, était l'évêque de Parenzo, son identification à celui du tabernacle aura pour conséquence de retrouver en le pape, auquel il est fait allusion, le pape Jean III, successeur immédiat de Pélasge Ier; Jean III ayant exercé le pontificat de 560 à 574. Cette identification, satisfaisante à première vue, doit être cependant écartée à l'examen, s'il faut reconnaître en Eufrasio le premier évêque de Parenzo. Le pape Jean de l'inscription ne peut être alors que le pape Jean II, qui occupa le trône pontifical de 520 à 535; l'investiture donnée à Eufrasio, dans le gouvernement de l'Église de Parenzo, tombant alors entre 521 et 524, au temps du pape Jean Ier (523-526), époque à laquelle l'on est convenu de faire remonter la création des évêchés istriens.

Des doutes ont été émis cependant, résultant de la comparaison des indices fournis par ce monument, à ceux qu'il est possible de dégager des autres inscriptions de la basilique, et de la pièce conservée aux archives épiscopales de Parenzo, relative aux prébendes du chapitre, établies par Eufrasio. Les dates ne concordent pas. Un savant autrichien, le Professeur Eitelberger, en a conclu que le travail du tabernacle devait être considéré comme trop fruste, pour être attribué au vi^e siècle; et, qu'à la configuration des lettres de l'inscription, il était plus vraisemblable de l'attribuer au viiie ou au ixe; qu'enfin, le *hunc locum* devait s'appliquer non à l'église même, mais à la chapelle de S. Andrea qui y attient.

Cette supposition, pour ingénieuse qu'elle soit, semble cependant quelque peu hasardée. Si les symboles concourant à la décoration du tabernacle sont un peu frustes, ils n'en sont pas moins ceux en usage au temps de l'Église primitive; ce sont bien ceux du vi^e siècle; le doute ne saurait subsister. Le monument eût donc pu, sans conteste, appartenir à la chapelle de S. Andrea, si, dès l'origine, cette destination était établie, mais, le *hunc locum* indique, d'une façon toute aussi générale, la basilique. D'autre part, le marquis François Polensini, conservateur des antiquités de Parenzo, qui a publié la reproduction de ce tabernacle en l'accompagnant de notes critiques très nourries, sous le titre *Illustrazione al tabernacolo marmoreo esistante nella chiesa di Parenzo*, ne fait point mention que cet édicule ait appartenu à la chapelle de S. Andrea. En conséquence, il rapporte le *hunc locum* de l'inscription à l'église du Dôme; l'*antistes Eufrasius* au premier évêque du diocèse, et l'*antistes Johannes* au pape Jean II.

Voici, d'ailleurs, la traduction du principal passage de l'étude qu'il consacre à ce monument :

« Aux temps anciens, la coutume existait de placer à chacune des deux extrémités de la table de l'autel un tabernacle. Dans l'un était conservée l'eucharistie ; dans l'autre, le livre des évangiles, et cette disposition avait été adoptée à Parenzo.

« La table de l'autel garde à peine quelques vestiges de ces tabernacles. L'un est à jamais perdu. L'autre ne nous est parvenu qu'en raison de ce qu'il fut employé à soutenir la table de l'autel de la chapelle privée des évêques. En 1764, Mᵍʳ Negri le fit enlever lors de la restauration générale de la basilique entreprise par ses soins.

« Si, pour le fini de la facture et la beauté du marbre, ce tabernacle mérite de fixer l'attention, sa valeur documentaire est plus grande encore au point de vue archéologique. Rares sont les modèles semblables à celui fourni par lui. D'autre part, il fixe l'époque de l'existence de l'évêque Eufrasio, si souvent controversée. L'inscription relate qu'au temps où ce monument fut exécuté, le prélat comptait onze ans d'épiscopat. Or, le pape nommé est le pape Jean qui était monté au trône pontifical en 532 et qui mourut trois ans après en 535. Si bien, qu'en prenant pour limite extrême cette dernière date Eufrasio aurait été, dès 524, évêque de Parenzo. »

Et ce document n'est pas isolé. Dans l'une des mosaïques décorant l'abside de la basilique, une autre inscription nomme ce même évêque Eufrasio. Tracée en larges caractères blancs, sur fond bleu, elle nous apprend que le fondateur du monument, le prélat Eufrasius, ayant jeté bas l'ancienne église menaçant ruine, a élevé, à grands frais, et fait décorer somptueusement la nouvelle, du faîte jusqu'à ses fondations.

> ✝ *Hoc fuit imprimis templum quassante ruina*
> *Terribilis lapsu nec certo robore firmum*
> *Exiguum magnoque carens tunc furma metalol*
> *Sed meritis tantum pendebant putria tecta*
> ✝ *Ut vidis subito lapsuram pondere sedem*
> *Providus et fidei fervens ardore sacerdus*
> *Eufrasius sca (sancta) precessit mente ruinam*
> *Labentes melius sedituras deruit ædes.*
> *Fundamenta locans erexit culmina templi.*
> ✝ *Quas cernis nuper vario fulgere metallo*
> *Perficiens cœptum decoravit munere magno*
> *Æcclesiam vocetans signavit nomine XPI*
> *Congaudens operi su felix vota perciet.*

Or, le tableau situé au-dessous de cette inscription montre l'évêque Eufrasius, *Eufrasius epō*, tenant en mains le modèle de son église. A sa droite, est son archidiacre, Claudio ; et devant lui, portant aussi le nom d'Eufrasius, le fils du diacre Claudio. Eitelberger ne croit pas, il est vrai, cette mosaïque contemporaine de la fondation de l'église, mais seulement du xiiⁱᵉ siècle. Rien ne s'oppose cependant à l'attribuer à l'Eufrasius, premier évêque de Parenzo.

XII

LA FONDATION DE LA BASILIQUE

Si, maintenant, nous passons à la critique du document fourni par la pièce conservée aux archives istriennes, où sont fixées les dîmes et prébendes, l'embarras n'est pas moins grand.

Dans l'indulgence du patriarche d'Aquilée, Rodoald, nous trouvons qu'en l'an 961, le Dôme de Parenzo fut dévasté par une irruption de barbares slaves. — *Nuper a nefondis sclavis et duris barbaris destructium est* — et que le 8 mai 961, ainsi qu'on l'a vu plus haut, l'empereur allemand Othon fit procéder à la consécration de l'église nouvelle, richement dotée par lui. L'évêque occupant alors le siège de Parenzo porte le nom d'Adamo, et apparaît comme le dix-septième sur la liste des évêques qui se sont succédé, depuis la fondation justinienne; bien qu'avant cette époque, il semble que l'état de l'église ait été précaire; l'acte de dotation du patriarche Rodoald la qualifiant ainsi « *magna inopia et calamitate opressa* ».

Selon Rodoald toujours, l'empereur Othon II aurait, en 983, confirmé à Adam la dotation de ses prédécesseurs, par un rescrit daté de Pavie. L'an 1037 un nouvel évêque, nommé Engelmare, recevait l'investiture à Parenzo, et dans la seconde moitié du xie siècle (1060), un privilège nouveau, accordé par l'empereur Henri III, confirmait à l'évêque Adelmare ceux précédemment octroyés. Vers la même époque, le Saint-Siège cherchait à ramener à lui l'Istrie. De Venise, en 1078, le pape Alexandre III, par un acte mémorable, prenait Parenzo sous sa protection et indiquait en détails les couvents et châteaux relevant de l'autorité du diocèse. En 1233 enfin, l'évêque Adalpert consacrait l'autel majeur de l'église, où sont conservés les ossements des SS. Guliano et Demetrio.

Ici encore, malgré l'apparence d'authenticité donnée aux pièces produites — actes de donation, procès-verbaux de consécration — il est aisé de reconnaître que l'on se trouve en présence de documents apocryphes. L'inscription du *ciborium* de l'autel indique d'une façon précise, l'évêque Ottone comme le pasteur de Parenzo, à l'époque de sa construction. Or, cet évêque figure, pour la première fois, sur les listes du clergé de Parenzo en 1257; et cette même année, procède, assisté de l'évêque Corrado de Capo d'Istria (Justinopolis), à la consécration de l'autel.

Maintenant, quelle date assigner au document cufrasien, autrement dit, quel peut être l'empereur désigné dans la pièce en question sous le nom de Constantin *triomphatore Augusto* ? La question est assez embarrassante. Avant d'essayer de la résoudre, il est nécessaire de reproduire le texte du passage où il est mentionné. Il forme le pre-

mier paragraphe de l'acte de dotation, dont on a vu plus haut — page 19 — la traduction.

In nomine Patris et Filii et Spiritus sancti

Imperante Constantino Romanorum Imperator Augusto anno imperie ejus XVI Die vero XXIV Mensis martis Indictione VI feliciter.

Deux savants commentateurs italiens, Ughelli et Colletti, penchent pour Constantin VI, fils de Léon IV et d'Irène, qui soutint des guerres heureuses contre les Bulgares et les Musulmans. Selon eux, l'an 796 serait bien l'année du document eufrasien. Mais, si cette date correspond exactement à la xvi* année du règne de l'empereur, elle ne correspond pas à celle fournie par l'*Indiction VI*, et l'embarras devient d'autant plus grand, que cette date fournie par l'*Indiction* ne correspond à aucune xvi* année du règne d'un Constantin.

Les *Indictions* sont des cycles périodiques rétrogradants de l'année, qui se renouvellent tous les quinze ans, et se comptent de un jusqu'à quinze. Ils commencent le 1ᵉʳ septembre de l'an 312, pour l'année de l'*Indiction I*; au 1ᵉʳ septembre 313 commence l'*Indiction II*; au 1ᵉʳ septembre 326 l'*Indiction XV*, qui prend fin au 31 août 327. Au 1ᵉʳ septembre de cette même année recommence l'*Indiction I*.

La date donnée par le monument Eufrasien doit donc, de toutes façons, être corrigée, si l'on veut pouvoir la rapporter à l'un des Constantins, en sorte que, si nous conservons l'année de l'Empire, nous devons modifier celle de l'*Indiction*. Colletti fait de l'*Indiction VI* l'*Indiction IV*, et arrive à obtenir ainsi la date de 796. L'architectonie du monument, les thèmes symboliques et ornementaux concourant à son décor donnent un démenti formel à cette hypothèse; force nous est donc de chercher une autre explication.

Si l'on passe en revue la liste des empereurs ayant porté le nom de Constantin, qui régnèrent après Justinien, on doit éliminer d'abord Constantin III, qui mourut l'année de son arrivée au trône. Les tableaux, portraits et figures allégoriques qui décorent l'abside de l'église, doivent également faire écarter Constantin V Copronime, qui régna de 741 à 780; cet empereur ayant été un iconoclaste absolu. Reste Constantin IV Pagonata, qui régna de 668 à 685, lequel se servit pour la première fois des feux grégois contre la flotte turque qui assiégeait Constantinople, et mérita de ce fait le nom de Triomphateur. L'an xvi du règne de cet empereur coïnciderait à l'an 683 ou 684, et commencerait le 1ᵉʳ septembre 683 avec l'*Indiction XI*. Cet hypothèse étant adoptée, il s'ensuivrait que l'*Indiction XI* du document Eufrasien correspondrait à l'an 684, date de la publication même de la pièce, et cette date serait également celle de la construction du monument. L'évêque Eufrasio aurait, durant l'édification de l'église, établi, pour son clergé, les prébendes et les dîmes; et, de la sorte, l'expression employée dans l'inscription de l'abside, *providius*, se justifierait à point. Mais si cette explication peut être, sous ce rapport, considérée comme satisfaisante, il s'ensuit que l'évêque Eufrasio ne peut être considéré comme le premier évêque de Parenzo, l'institution des évêchés istriens ayant eu lieu sous le règne de Théodoric le Grand, au commencement du vi^e siècle.

Une seconde question se pose alors. L'Eufrasio, éditeur du document, qui, dans la onzième année de son épiscopat, vivait au temps d'un pape Jean, est-il le même que l'*antistes Eufrasius* de l'inscription du petit tabernacle? L'analyse des pièces que l'on vient de lire, permet de répondre négativement. L'Eufrasio, auteur du document, vivait sous le pape Jean V, qui exerça le pontificat de 685 à 687, et, pour cette raison, ne peut être le Jean de l'inscription du tabernacle, puisqu'en remontant onze ans avant son avènement au trône pontifical, il se trouverait être antérieur à l'Eufrasio du document, et, qu'à cette date, nous trouvons à la tête de l'évêché de Parenzo, l'évêque Aurelio, cité par Ughelli, comme ayant, en l'année 679, assisté au concile de Rome, sous le pape Agaton. L'hypothèse devient encore plus invraisemblable avec les papes Jean VI (701-705) et Jean VII (705-708), puisqu'en remontant également onze ans en arrière l'*antistes Eufrasius* se trouverait postérieur à l'Eufrasio auteur du document.

De tout cela, il ressort que l'*antistes Eufrasio* doit être placé comme ayant vécu sous les papes Jean II ou Jean III. Avec cette date, on retrouve bien le premier évêque de Parenzo, qui *hunc locum condidit fundamentes*, construisit l'église cathédrale de Parenzo. Cent cinquante ans plus tard, un autre Eufrasio, dont la trace est perdue, réparait le Dôme dévasté par l'invasion des Slaves, aidé en cela par l'empereur Othon le Grand, et le monument était consacré à nouveau par l'évêque Adam, si bien que le souvenir de la magnificence impériale fit, le temps aidant, confondre le fondateur de l'église, avec celui qui n'en était que le restaurateur.

XIII

TABLEAU CHRONOLOGIQUE DES FAITS POUVANT SERVIR A PRÉCISER LA DATE
DE LA CONSTRUCTION DE LA BASILIQUE D'EUFRASIO

(624-674)

524. Le pape Jean I part pour Constantinople, avec Ecclesio, archevêque de Ravenne, et plusieurs autres prélats, pour obéir aux ordres de Théodoric.

525. Jean Ier retourne et meurt à Ravenne.

525. Le pape Félix IV succède au pape Jean Ier.

526. Théodoric meurt à l'âge de soixante-dix-sept ans, après avoir régné trente-trois ans à Ravenne, et quatre ans sur toute l'Italie.

526. La reine Amalassunthe gouverne l'Italie et les provinces de l'empire des Goths, au nom de son fils Atalaric.

527. Justinien est proclamé empereur d'Orient, à l'âge de quarante-trois ans.

529. Mort du pape Félix IV.

529. Élection du pape Boniface II.

531. Des séditions éclatent à Constantinople. Sainte-Sophie est brûlée; Justinien la fait rebâtir, telle qu'elle est encore aujourd'hui.

532. Mort du pape Boniface II. Avènement du pape Jean II.

534. Mort d'Ataleric; Amalassunthe associe au trône Théodat.

534. Assassinat d'Amalassunthe.

534. Justinien ouvre les hostilités contre les Goths : L'un de ses généraux attaque la Dalmatie et prend Salona; un autre, Bélisaire, s'empare de la Sicile.

535. Mort du pape Jean II.

537. Élection du pape Virgile.

539. Les Goths sont chassés de l'Istrie.

540. Bélisaire s'empare de Ravenne.

545. Commencement de la construction de la basilique de *Classe fuori*.

547. Le 14 mai a lieu la consécration de l'église Saint-Vitale, à Ravenne.

548. Le 7 mai, a lieu la consécration de la basilique de *Classe fuori*.

550. Consécration de la basilique de Caneto, à Pola, par S. Maximien.

554. Mort du pape Virgile, le 28 décembre, après dix-huit ans de pontificat.

554. Élection du pape Pélasge Iᵉʳ.

555. Justinien fait don des biens des Goths à l'Église de Ravenne.

560. Mort du pape Pélasge Iᵉʳ, après seize ans de pontificat.

560. Élection du pape Jean III.

565. Mort de Justinien, le 14 décembre, après trente-huit ans de règne.

568. Commencement du gouvernement des exarques.

574. Mort du pape Jean III, après quatorze ans de pontificat.

XIV

L'ARCHITECTONIE ET LE DÉCOR DE LA BASILIQUE

L'église du Dôme de Parenzo offre un spécimen parfait de la basilique à trois nefs des premiers temps du christianisme. Son plan a conservé l'intégrité absolue de ses premières dispositions, ainsi que de celles de l'atrium et du baptistère à piscine, pour le baptême par immersion, qui s'y trouvent annexés. Ne fût-ce qu'à l'architectonie de l'édifice, qu'au symbolisme de son décor, on serait encore en droit de le classer comme appartenant à la période justinienne. Les mosaïques des anciens pavages rentrent dans le cycle des compositions géométrales, qu'on retrouve dans toutes les églises alexandrines, postérieures au schisme de Chalcédoine, et tous les thèmes du répertoire symbolique, les paons, les colombes, les aigles, les vignes chargées de pampres servant à l'ornementation des chapiteaux, des voussures, des archivoltes, des nervures et des bandeaux sont également ceux qui furent chers aux artistes alexandrins. Les colonnes, aux arêtes sèches, aux fûts grêles; les cintres des trois absides du chœur offrent, pareillement, une analogie frappante avec ce qu'on observe dans les laures primitives de Nitrie ou de la Thébaïde. Tout au plus, est-ce à grand'peine, que quelques détails accessoires, les moulures d'une porte ou celles d'un pilastre, ont pu être rapprochés des modèles fournis par la basilique de Ravenne ou celle de Constantinople, que venait d'ériger Justinien.

Tout entouré de hautes maisons, le Dôme ne s'annonce au loin que par son campanile, construction massive, sur base carrée, couronnée d'un pyramidion octogone et percée, vers son sommet, de petites arcades géminées, qui lui donnent un air de parenté avec les campaniles d'Aquilée et de Grado. L'extérieur du vaisseau n'a rien d'architectonique. Les murs sont nus, composés d'assises alternées de briques rouges et de calcaire blanc. La porte franchie, un *atrium* précède les nefs, fort ruiné aujourd'hui, mais qui, jadis, offrait le type parfait de la cour entourée de portiques, qu'on retrouve dans toutes les basiliques primitives. Les portiques de l'Est et du Nord sont maintenant seuls debout; celui de l'Est, encore couvert, constituant, à lui seul, l'*atrium* actuel. A celui de l'Ouest, attenait l'ancien baptistère, bâti sur plan octogonal.

La hauteur des arcatures de ces portiques, la modénature des pilastres d'angle, des corniches et des impostes; le type caractéristique des colonnes, se découpant en cônes tronqués; des chapiteaux qui les couronnent; des sommiers qui surmontent ceux-ci, timbrés sur la face de la croix; tout, en un mot, conspire à les faire classer comme postérieurs à la construction de la basilique primitive; mais témoigne, en même temps, que cette adjonction eut lieu aux premiers siècles de la chrétienté.

Au fond de cet *atrium*, le portail de l'église se découpe sans relief, surmonté d'un frontispice, dont tout le décor était fourni par des revêtements de mosaïques, dont il ne reste que quelques traces. La zone inférieure en est percée de trois fenêtres, groupées en *triforium*, dont les tympans sont remplis par un chaînage à fond d'or, où s'enchâssent des marbres précieux, verts et bruns. Sur les pilastres de refend, s'estompent les sept chandeliers de l'Apocalypse, jaunes sur champ bleu céleste. Le reste de la frise est fourni par des figures de saints. Aux contreforts de ce frontispice quelques fragments de mosaïques montrent encore des entrelacs géométriques. Un fronton triangulaire, bordé d'un bandeau bleu, couronne le tout. Au centre, se détache une figure de Christ nimbé, qu'entouraient des anges ou des évangélistes, dont il ne reste que les ailes, à peine visibles sous les crépis qui ont recouvert les parties effritées du tableau.

Trois portes percent ce portail, mettant en communication l'*atrium* avec l'église. Chacune d'elles correspond, naturellement, à l'une des nefs du vaisseau. Les profils de leurs moulures rappellent d'une façon frappante certains détails des portes de Sainte-Sophie; et cet air de parenté avec la basilique de Justinien est presque le seul qu'on puisse invoquer dans toute l'architectonie du monument.

Le seuil franchi, le vaisseau se dessine enfin, partagé en trois nefs, par deux rangées de neuf colonnes. La nef centrale a vingt-neuf pieds et demi de large; chacune de celles des bas-côtés quatorze et demi seulement. La profondeur totale, jusqu'à l'abside, est de quatre-vingt-dix-sept; celle de l'abside, de dix-huit, pour vingt-deux de diamètre. Détail particulier, l'aire de la nef centrale est au même niveau que celle des nefs latérales, alors que dans la basilique de Saint-Just, à Trieste, ou dans l'église de l'abbaye de Canneto, à Pola, le dallage de la grande nef est de quelques marches au-dessous de celui des bas-côtés. Les colonnes soutenant les murs de refend sont, de même que celles de l'*atrium,* de marbre blanc, portées sur des bases attiques, de calcaire tendre, et couronnées de chapiteaux de marbre grisâtre. Le fût est élancé, presque grêle, sans toutefois cette sécheresse d'arêtes, qui donne à celui des colonnes de *l'atrium,* l'aspect de longs cônes tronqués. Le travail du chapiteau dénote la pratique du répertoire byzantin, avec comme un souvenir plus précis de la dernière période de la tradition hellénique; un faire particulier, qui les distingue de l'école purement justinienne, et en fait un thème entièrement à part. Ce n'est plus la manière habituelle aux artistes impériaux, mais un art spécial, où percent des tendances symbolistes, dont nous retrouvons la trace dans la plupart des églises des rives de l'Adriatique, Ravenne exceptée, qui demeure un monument unique. A eux seuls, ces chapitaux suffiraient à faire classer le Dôme de Parenzo comme ayant été bâti vers le milieu du vi^e siècle, tant le décor montre l'influence encore sensible de l'Occident, introduite à la suite de Théodoric, et qui, un instant, s'était affirmée à Ravenne; ou de l'Égypte alexandrine, avec laquelle les ports de l'Adriatique se trouvaient en rapports journaliers. Sur une corbeille de feuillages stylisés, doucement recourbés vers leur extrémité ou déjà contournés en arabesques analogues à celles des monuments chrétiens d'Égypte, des colombes ou des aigles se posent, pareils aux figures que reproduisent les sculptures alexandrines. Sur la tête de ces oiseaux, viennent s'appuyer les angles d'une abaque corinthienne, rectiligne ou concave, supportant un sommier, qui, sur sa face tournée vers l'axe de l'église, est timbrée du monogramme d'Eufrasio.

L'éclairage du vaisseau était, à l'époque de la construction, assuré par des fenêtres plein-cintre, percées dans l'axe de chacune des travées de la nef médiale. Une seule subsiste encore, reconnaissable, quoique murée, dans la première travée Sud. Les voussures, ainsi que celles des grands arcs portant sur les sommiers des chapitaux, ont été recouvertes de stucs, à une époque qu'il est difficile de préciser avec certitude. Les soffites du couronnement semblent aussi avoir été remaniés. En tous les cas, le décor de leurs caissons et de leurs rosaces n'est pas en harmonie avec celui du reste de la basilique. Il ne rappelle en rien les beaux spécimens fournis par les motifs de la toiture de l'église de Torcello.

Conservée dans l'intégrité de ses dispositions et de sa décoration primitives, l'abside est, de tout le monument, la partie la plus intéressante. Elle fournit, intégral, le modèle parfait de l'architectonie d'alors et des revêtements de mosaïque qui concouraient à mettre celle-ci en valeur. Le grand arc qui la délimite, de proportions magistrales, a sa voussure ornée de larges médaillons de mosaïques, enfermant des figures de saintes. Une inscription donne le nom de chacune d'elles. C'est, à droite : Giustina, Suzanna, Perpetua, Valeria, Tecla et Eufemia. A gauche : Filicita *(sic)*, Basilisca, Eugenia, Cicilia *(sic)*, Agnese et Agata. Dans le médaillon central, s'étale sur la clef de voûte le monogramme du Christ, remplaçant celui de la Vierge Marie, et, complétant le tout, des feuillages d'acanthe et des vignes chargées de pampres prennent racine à la naissance de l'arc et se palissent sur sa montée, courant jusqu'aux médaillons. Toute cette composition s'enlève vigoureusement sur des fonds de couleurs tranchées; les pampres, sur des fonds bruns ou noirs; les figures de saintes, dans des médaillons bleu azur, cerclés de vert tendre ou d'or pâle, posés sur un fond de tonalité blanche ou rouge; le monogramme du Christ, en or, sur fond bleu. Les figures des saintes sont inexpressives ou, pour mieux dire, ont toutes une expression identique. Cela tient, en partie, à ce que les dés de mosaïque ayant servi à les composer sont trop gros, eu égard à la dimension des médaillons.

Les nervures de la voussure sont données par un chaînage de pierres vertes, semées de points lumineux, analogue à celui servant à former le bandeau des fenêtres. Sur l'archivolte enfin, court une guirlande tressée de fleurs rouges et feuillages vert pâle; tandis que dans les tympans, d'autres fleurs, de nuances naturelles, s'étalent sur fond jaune d'or, serpentant entre un semis de petits médaillons.

Le revêtement de la demi-coupole, couvrant l'abside, est une page vraiment magistrale, tant par l'ampleur de la composition, que pour la sûreté du dessin et la vigueur de ses colorations ardentes. Au centre, la Vierge, tenant l'Enfant, apparaît assise sur un trône; des nuages planent sur sa tête, d'où surgit la main du Père, tendant vers elle la couronne de palmes des élus. Aux deux côtés du trône, un ange se tient debout, un sceptre dans la main droite, tandis que, de la gauche, il présente à la Vierge divers saints, parmi lesquels se détache saint Maur. L'évêque Eufrasio, l'archidiacre Claudio et l'enfant de celui-ci, le petit Eufrasio, figurent dans ce cortège, comme fondateurs de l'église de Parenzo. Le visage d'Eufrasio est brun, et encadré d'une barbe courte. Les saints sont couverts de longues robes blanches, et de manteaux également blancs. La Vierge et Eufrasio portent un vêtement rouge foncé, passé pardessus leur robe blanche. Seul, le petit Eufrasio est entièrement vêtu d'or. Deux des saints tiennent des couronnes de palmes; un autre, et le diacre Claudio le livre des Évangiles; Eufrasio présente le modèle de son église, et le petit Eufrasio, un rouleau de parchemin, peut-être l'édit de donation. Toutes ces figures, sans exception, se détachent sur un fond sombre. L'habileté du coloriste s'affirme, d'ailleurs, dans cette composition, à l'égal de celle du dessinateur. Si celui-ci équilibre son tableau, selon les lois de l'art religieux, il sait conserver à ses personnages une expression individuelle, admirablement tranchée. Le coloriste, lui, entreprend déjà de noter la dégradation des plans. Le ciel, de bleu intense, qu'il est dans la partie haute de la coupole, se fond sur l'horizon en bleu pâle, grisé de tons jaunes et violacés, tandis que les nuages, où flottent les reflets du couchant, ont une tonalité rougeâtre, voilée d'ombres variant du gris cendré, jusqu'au gris noir.

Ces tendances ont fait rapprocher ces peintures des fresques en mosaïques de divers édifices de Ravenne[1], et tout particulièrement de celles de l'abside de l'oratoire de Saint-Vincent, attenant au baptistère de Constantin, ainsi que de celles des SS. Achille

---

1. AGINCOURT. *M. S. Monuments de peinture.* tome XVII.

et Nérée. La première de ces mosaïques remonte à l'an 640; la seconde à l'an 687, ce qui tendrait à faire classer la mosaïque eufrasienne vers le milieu du viie siècle. Mais, ce rapprochement, tout spécieux, n'est qu'un moyen imaginé pour venir en aide à la théorie échafaudée, afin d'attribuer la construction du Dôme à la même époque, théorie qui se trouve contredite par l'examen impartial des pièces, et l'étude du monument. D'ailleurs, à maints détails de costumes, on peut affirmer qu'il n'en est pas ainsi, et préciser des dates. Sur la bordure des vêtements blancs, portés par les saints et les anges, les lettres H. L. N., plusieurs fois répétées, semblent un ressouvenir des temps où le christianisme persécuté ralliait ses néophytes au moyen de formules mystiques; et c'est bien en vain que certains ont voulu y voir une marque de tissage; elles restent et demeurent une formule consacrée, connue seulement des initiés. C'est au-dessous de ce tableau que se trouve l'inscription.

✝ Hoc fuit imprimis templum quassante ruina.

A la zone inférieure, d'autres compositions montrent : à droite, la *Visitation de Sainte Élisabeth à la Vierge Marie;* à gauche, l'*Annonciation,* puis dans une seconde zone, coupée de deux fenêtres, qui la divisent en trois panneaux égaux: au centre, un ange vêtu de blanc, tenant de la main gauche le globe terrestre, sur lequel il étend la main droite; à dextre, une figure de saint Jean-Baptiste, à sénestre un autre saint vêtu d'une robe blanche, brochée d'or, et d'un manteau de pourpre, tenant un modèle d'église, qu'on s'accorde à identifier à saint Maur. Ces dernières figures sont exécutées sur fond bleu sombre, celle de la zone supérieure, sur fond gris brun foncé.

Le tableau de l'*Annonciation* est, de tous, le plus symbolique. De même que dans les peintures de l'École d'Alexandrie et, en particulier, de celles du *Deïr-Abou—Hennes,* — le couvent de Saint-Jean, près Antinoë, — la Vierge apparaît assise au seuil d'une basilique. Un long voile glisse de ses genoux dans un vase posé à ses pieds. L'ange Gabriel s'avance, étendant vers elle sa main droite et tenant, de la gauche, un sceptre cruciforme. Au-dessus de cette composition, les rideaux blancs et bleus d'un baldaquin sont suspendus, ombrés, dans leur partie blanche, de vert et de rouge, et bordés de rayures et de galons damassés de méandres bleus et verts. Le reste du champ, entre ces *velarium* et les figures, est incrusté de coquilles de nacre, symbolisant l'abside de l'église et, par assimilation, le christianisme tout entier.

Sous cette large frise règne une rangée de trumeaux alternés, l'un large, l'autre étroit, encadrés de bordures géométrales ou symboliques : cornes d'abondance, tridents, et dauphins. Ces symboles, surtout, sont intéressants par leur association; le premier appartient au cycle mythologique, les deux autres relèvent du cycle maritime, et, des deux, le poisson, était le plus vénéré, c'était : l'ΙΧΘΥC, Ἰησοῦς Χριστος, Θεοῦ Υἱὸς, Σωτηρ, Jésus-Christ, fils de Dieu, Sauveur. Quant au trident, il synthétise la phrase de Jésus à l'un de ses apôtres : « Je vous fais pêcheurs d'hommes », et de l'union des deux images naît cette idée : l'âme humaine sauvée par la foi du Christ.

Au-dessus de la chaire épiscopale, enfin, un dernier compartiment, semblable aux précédents, enferme, sur fond noir, un globe terrestre, surmonté de la croix, tandis que dans les trumeaux étroits, qui l'encadrent, se détache un candélabre d'or. Sur tous ces tableaux est apposé le monogramme d'Eufrasio.

Au point de vue technique, le travail dénote la main d'un praticien habile. Les marbres les plus précieux sont, de préférence, employés par lui. Les tons qu'il recherche sont, surtout, le blanc pur, le rouge intense et le vert antique ; la nacre et le lapis· lazuli entrent souvent aussi dans ses compositions.

Au fond de l'abside, le siège épiscopal, la *cathedra* de marbre blanc, se dresse sur un soubassement fait de cinq gradins semi-circulaires, constituant à ses côtés la *sub sellia* destinée aux membres du chapitre diocésain. Rien de particulier ne signale à l'attention ce détail du monument ; son ordonnance est celle qu'on retrouve dans toutes les basiliques ; de même, le dauphin de marbre, sculpté à chacune des extrémités de la tribune, est la répétition du symbole figurant dans l'un des tableaux.

Plus intéressant est l'autel, couvert de son *ciborium*, qu'on attribue généralement au règne de l'empereur Othon, en se basant sur les pièces datées du patriarcat de Rodoald d'Aquilée. Les arcs des voûtes d'arêtes de ce *ciborium* viennent s'appuyer à quatre colonnes de marbre blanc, dressées aux quatre angles de l'autel. Malgré l'arc ogive obtus de ces voûtes, leur nervure leur prête un air particulier de parenté avec les voûtes d'arêtes gothiques. Les colonnes, et surtout le chapiteau qui les couronne semblent cependant plutôt se rattacher à l'époque d'Eufrasio qu'à celle de l'empereur Othon. Le fût grêle, la sécheresse des profils, qui caractérisent les' premiers monuments du christianisme, y persistent. Exhaussées sur des bases romaines, lors de la réparation faite par ordre d'Othon, elles ont conservé leurs chapiteaux primitifs, où s'assemblent les symboles des quatre évangélistes ; et rien, qu'à ce signe, on est en droit de reconnaître qu'elles appartinrent au *ciborium* ancien. Les voussures des arcatures sont revêtues de marbres verts, mouchetés de noir et de blanc. Aux archivoltes, apparentes à l'intérieur, ainsi qu'à l'extérieur, de même que dans la plupart des monuments gothiques, s'étale un chaînage géométral blanc, vert pâle, bleu et rouge ; et, dans les tympans qu'ils délimitent, se répartissent quatre tableaux à fond d'or.

De ces quatre tableaux, le plus important domine le devant de l'autel ; il représente la *Salutation angélique* avec cette inscription :

Angelus inquit ove mundus salvitur one

Sur le côté droit sont figurés saint Maur et saint Éleutère ; sur le côté gauche, l'évêque Progetto et l'acolyte Épidio ; sur la face postérieure, saint Démétrius et saint Julien. Un entablement de marbre rouge règne sur le tout, coupé d'une frise blanche, portant, en lettres noires, l'inscription suivante :

Sur le devant :

† *Tempora surgebant Christi nativa potentis*
Septem cum decies septem cum mille ducentis

Virginis absque pare cum sacre sedulus are
Hoc op (cus) ex voto perfecit eps (episcopus) Oto
Perpetuando pia laudes tibi Virgo Maria

A gauche :

Hoc quicumque legis dic oc virguncula munda
Cui nec prima fuit nec succes (sura) secunda
Et tu sancte dei martyr celeberrime Maure
Pro nobis Christi vox intercedat in aure
Ut divinus amor lustret precordia turbe
Et dulcis pacis concordia crescat in urbe

A droite :

Ut tandem tota cordis rubigine lota
Et prorsus demptis tenebris de lumine mentis
Cum jam succident vitalia stamina pares
Vos miserante Deo cœli salvemur in arca Amen

Sur les voussures des arcs, d'autres inscriptions en caractères noirs sur fond d'or donnent les vers léonicns suivants qui se rapportent au sacrement de l'Eucharistie :

A gauche. — *Si copitur digne copcintem servat ab igne.*

Face antérieure. — *Qui rodit mandit cor os et guttura tangit.*

A droite. — *Intestina tomen non tangit nobile stamen.*

Face postérieure. — *Esca salutaris quæ sacris ponitur aris.*

Face antérieure. — *Si male sumatur sumenti pena paratur.*

Enfin, les nervures de la voûte, à revêtement bleu céleste, étoilée d'or, profilées à la romane, en rouge sombre, sont fermées par une clef ronde, sur laquelle est sculpté en relief l'*Agnus Dei.*

L'autel majeur n'a rien de commun avec le reste du monument. C'est une œuvre assez belle en somme, mais datant tout au plus du commencement de la Renaissance. La partie postérieure est ornée d'un bas-relief en argent doré; six pilastres corinthiens y soutiennent un entablement, sous lequel s'abritent cinq niches en demi-coupole. Dans la niche du milieu se dresse la figure en pied de la Vierge Marie; les quatre autres sont consacrées à Saint Pierre apôtre, Saint Marc évangéliste et aux deux patrons de la ville, Saint Éleutère et Saint Maur. La frise est partagée en compartiments enfermant les têtes du Christ et des douze apôtres; celle du Christ au centre; celles des apôtres symétriquement groupées de chaque côté.

Le pavage primitif a presque disparu. Il n'en reste que des ruines suffisantes pourtant à le rétablir dans ses dispositions primitives. Quelques lambeaux d'inscriptions y figuraient, que put encore déchiffrer d'Eitelberger; les voici :

Claudia religiosa femina cum sua nepta...
Honoria pro voto suo fecerunt...
Basileia religiosa femina cum sua...
Hoc (sum) sepultura sanitorum provide cura
Martyrum et Mauri Eleuteri titulus auri
Ictis ornata facie (sum) jam clarificata
Cœlica sint lato factoribus atque parata

La chapelle de San Andrea, dont il a été parlé tout à l'heure, est reliée à la sacristie du Dôme eufrasien par un portique, couvert de voûtes d'arêtes. C'est sous ce portique que se trouve placé le tabernacle de marbre, portant l'inscription *antistes Eufrasius*. Tout auprès, est un sarcophage de marbre blanc, taillé par ordre de l'évêque Pagano, l'an 1247, pour servir de sépulcre aux corps des SS. Maur et Éleuthère, qui y reposèrent jusqu'en 1354, date à laquelle ils furent enlevés par les Génois et transportés en Italie. Le couvercle de ce sarcophage affecte la forme d'un prisme, orné de guirlandes de feuillages, autrefois dorés. La cuve a plusieurs inscriptions; celle de la face antérieure est conçue ainsi :

> ✠ ANN. DÑI. MILLO. DUCT. XLVII. INDICT. V RESIDENTE
> DNO PAGANO. ET JOÑE ARCHIPRO. NEC. NON ‖
> TOMA DIAC. ET OTONE SUBD. ‖ TESAURARIIS
> QUI AD HONO ‖ REM DĪ ET SCŌR MAR̄T. MAURI
> ET ELEUTHERII FĒCER. FIERI HOC ŌP MAURE
> PARENTINOS CONSERVA INCOLUMES AMEN.

Les autres inscriptions donnent une invocation aux SS. Maur et Eleuthère et les noms de deux *magistri* nés à Ancône, qui exécutèrent ce sarcophage. Tous deux s'appelaient Nicolo et sont inconnus.

Une dernière inscription nous apprend qu'en 1508 l'évêque de Bergame, Luigi Tasso, fit restaurer le sépulcre, qui sans doute avait souffert lors de la profanation des Génois :

> ALOV. TAS. EPI PAR NAT BERGO. CVRA.
> INSTAVRATVM AN M. D. VIII.

Vers l'est, ce portique aboutit à un parvis, terminé en hémicycle, que d'Agincourt a désigné, dans son étude consacrée à Parenzo, comme le *Triclinium* de la chapelle. Lenoir[1], au contraire, identifie cette partie du monument au *Diaconicum*, et considère la chapelle même de S. Andrea, avec ses trois absides, comme le *Triclinium* proprement dit. Les auteurs ecclésiastiques, qui se sont occupés de cette question, sont trop partagés d'avis pour faire autorité en la matière; et force nous est de laisser la question sans solution.

XV

LA CROIX PACE DU TRÉSOR DE LA BASILIQUE

Une croix PACE[2] figure au trésor de la basilique, que la tradition classe comme appartenant au viiie siècle, et dont le travail dénote, en tous cas, la facture byzantine.

---

1. Lenoir, *Architecture monastique*, t. II, pages 187 et 329.

2. La croix PACE est celle dont se sert le clergé grec pour donner la bénédiction, qui, dans l'Église romaine, se fait avec l'ostensoir.

Une inscription grecque nous apprend qu'elle fut l'œuvre d'un certain « Ezéchiel, moine du monastère de Laura », l'un des principaux du mont Athos. Cette signature, si curieuse qu'elle soit en elle-même, ne saurait suffire à lui assigner une date précise. Sa facture annonce beaucoup plus l'époque du xiiie siècle que celle du viiie, qui, troublée par la querelle des iconoclastes, était peu favorable à la production d'une aussi parfaite œuvre d'art.

Aujourd'hui en fort mauvais état de conservation, cette croix de la basilique de Parenzo est presque méconnaissable. Dans son état primitif elle était de bois sculpté, recouvert d'une gaine d'argent doré, où se sertissaient des joyaux, des perles fines et de merveilleux émaux cloisonnés. Le bois seul est encore intact; et ses délicates sculptures ont une incomparable souplesse. La croix est à double face, d'un seul morceau, percé à jour, de part en part. Chaque face représente cinq sujets. D'un côté, au sommet, l'Annonciation; au centre, le Baptême du Christ; aux deux extrémités des bras, un Évangéliste assis; au bas, le Christ Juge entre deux saints et, à ses pieds, des hommes dans l'abîme. De l'autre, au sommet, la Présentation au Temple; au centre, la Crucifixion — le Christ en croix entre les deux larrons, la Vierge et les saintes femmes —; aux extrémités des deux bras, deux Évangélistes assis; au bas, la Résurrection — une figure ailée, vêtue et nimbée, aidant les ressuscités à sortir du tombeau.

La gaine métallique est en quatre morceaux, correspondant aux quatre bras de la croix, assemblés par quatre goupilles, constellées de perles fines. Le bras inférieur se détache à part, au moyen d'un pas de vis. La base, qui affecte la forme prismatique, se dévisse également, et laisse voir l'intérieur creux, dans toute sa hauteur. Quatre petits campaniles ajourés se dressent sur les bras transversaux, constituant autant de reliquaires, grâce à une disposition qui permet d'en ouvrir le sommet, ainsi qu'un couvercle. Le cloisonnage, presque disparu, était admirable de tonalité.

XVI

INFLUENCES ET RÉMINISCENCES ARTISTIQUES

A cet ensemble de documents, d'où la critique permet de dégager la date précise de la construction de l'édifice, l'étude architectonique de celui-ci vient ajouter une confirmation absolue. Des analogies frappantes, annonçant deux monuments de même école, relient le style de Saint-Vitale de Ravenne à celui du dôme de Parenzo. Le plan est différent : soit; mais l'arc triomphal de l'une et l'autre basiliques a le même décor, composé des mêmes sculptures et des mêmes mosaïques. Dans l'une et l'autre, on retrouve les mêmes marbres grecs, les mêmes colonnes, les mêmes chapiteaux. Les portes de l'une et l'autre sont également identiques. Enfin, les mêmes marques de tâcherons se retrouvent gravées aux mêmes places, ce qui semble indiquer une même main-d'œuvre, ou, tout au moins, l'affiliation à une même corporation.

Le revêtement des mosaïques obéit, dans le sanctuaire de Parenzo, aux mêmes principes de symbolisme que dans le sanctuaire de Ravenne. Les tympans des arcs sont ornés pareillement de médaillons, enfermant des figures de saints. A la conque absidiale, les figures appartiennent, de même, au type grec : elles ont les mêmes poses, les mêmes attitudes. Deux vastes compositions y retracent l'*Annonciation* et la *Visitation*. Entre les fenêtres, chaque trumeau est occupé par une figure de saint ou d'ange. Cette partie a beaucoup souffert, et des réparations maladroites ont malheureusement dénaturé le style primitif. Mais, cependant, chaque image n'en persiste pas moins à s'abriter sous la conque, symbole de l'Église, de même que dans la nef de *San Apollinare in Citta*. Toutes les arêtes sont arrondies et ornées d'une tresse, où s'assemblent des médaillons et des carrés alternés, simulant une chaîne sertie de joyaux, selon les lois en usage dans les églises des ve et vi^e siècles. Enfin, une imposte court au pourtour du chœur, couronnant des panneaux de marbres précieux, assemblés à la façon d'une marqueterie ou d'un cloisonnage, aux côtés de la *cathedra*.

D'autres points de comparaison, tout aussi remarquables, sont fournis par les détails architectoniques de l'édifice. Les arcs doubleaux qui relient les colonnes de la nef sont ornés de motifs en stuc, comme à Ravenne, et les chapiteaux de ces colonnes sont pareils à ceux des exèdres inférieurs de *San Vitale* et de *Classe fuori*. Les portes primitives, encore en place, rappellent, de tous points, celles de cette dernière église. C'est la même modénature; le même couronnement Les marques des tâcherons, l'*omega* en forme d'ancre ↄ, et le monogramme TE sont celles en usage à Ravenne. Enfin, l'appareillage des murs extérieurs répète la donnée fournie par Saint-Apollinaire *in classe* et Saint-Apollinaire *in citta*. Les mêmes pilastres, peu saillants, flanquent le pourtour du vaisseau au droit de chaque colonne de la nef, reliés entre eux par des arcatures plein cintre. Sur le tout, règne pareillement un léger encorbellement. Des restaurations successives l'ont, à Parenzo, presque complètement supprimé.

Bien des réminiscences seraient à noter, tant dans l'architectonie que dans le décor de la basilique d'Eufrasio, qui apparentent celle-ci aux églises primitives de la période triomphale. Il suffira de citer les analogies les plus frappantes, et particulièrement celles que fournit le plan.

Ce plan comporte un vaste chœur, précédant trois sanctuaires; et cette disposition est celle des églises qui, à la même époque, s'élevaient en Égypte et particulièrement au désert de Nitrie. La basilique de l'Amba Beschaï, celle du couvent des Syriens, celle de Baramous en donnent une réplique fidèle, jusque dans les moindres détails[1]. L'ordonnance des nefs est semblablement la même. Le *ciborium* donne les mêmes proportions. Le revêtement des mosaïques de marbre appartient à la même école. C'est le commen-

---

1. AL. GAYET. *L'Art copte*, chapitre III, l'Architecture.

cement du décor polygonal et arabescal; l'assemblage des figures simples, carrés,
cercles, hexagones, octogones, remplis de végétations ordonnées; de fleurs irréelles et
de tresses, décrivant des orbes répétés. Les entablements de stuc, les frises de plâtre
ajouré reproduisent les mêmes thèmes symboliques. Seuls, les motifs de décor des
archivoltes, des arcs et des bandeaux accusent des préférences occidentales, soulignant
les frises de mosaïque, où l'art de l'école byzantine se manifeste dans toute la
plénitude de son développement.

PARENZO

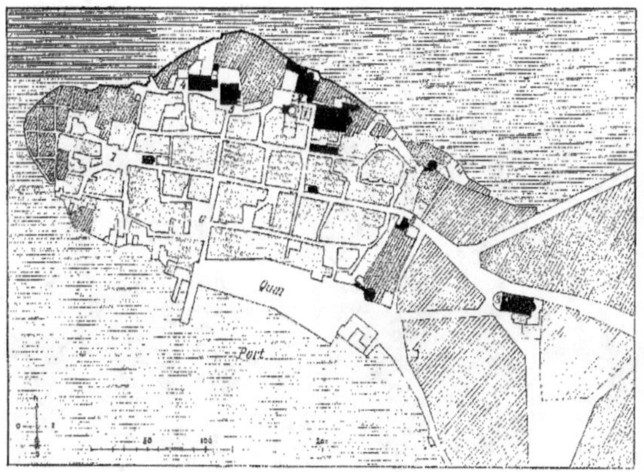

1. Basilique et dépendances; 2. Évêché; 3. Église de la Madone des Anges; 4. Salle de la Diète provinciale;
5. Palais de la Giunta; 6. Grande place; 7 Ancien Forum; 8. Entrée principale.

PLANCHES

TABLE DES MATIÈRES

IMPRIMÉ

PAR

PHILIPPE RENOUARD

19, rue des Saints-Pères

PARIS

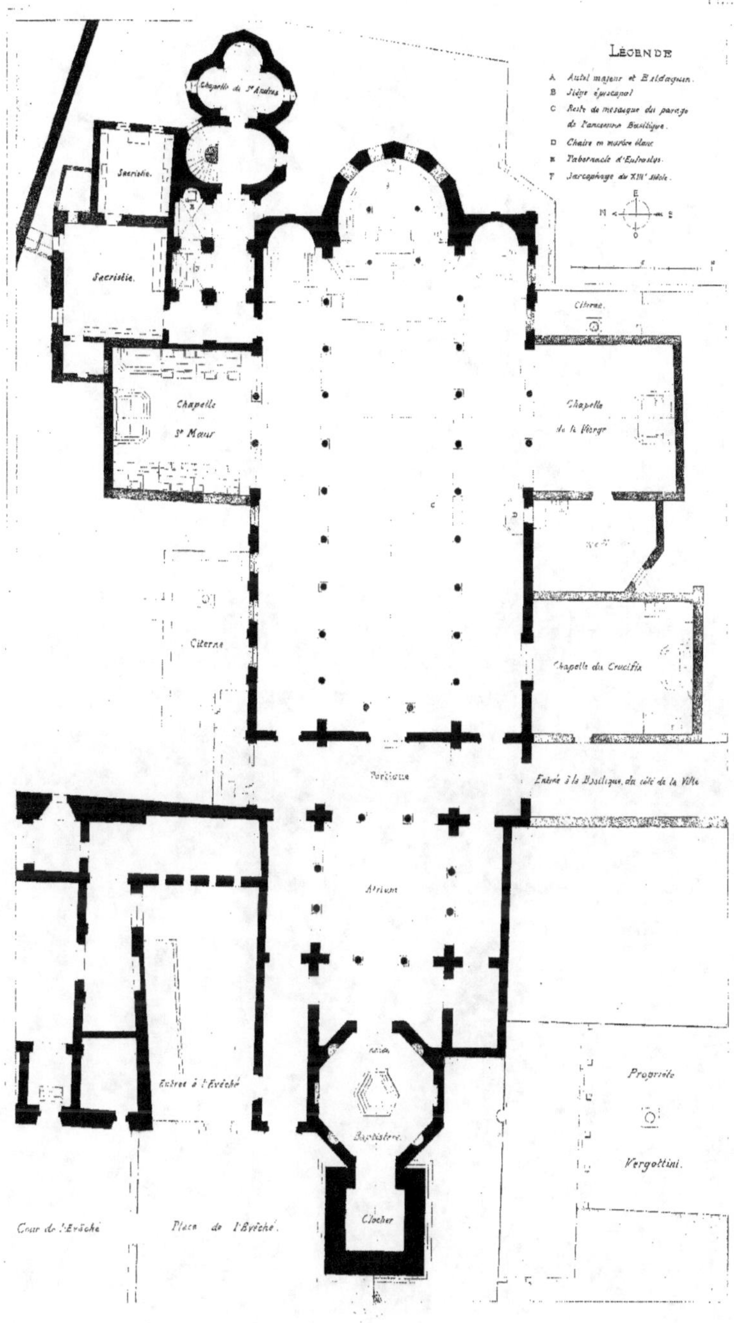

PLAN DE LA BASILIQUE ET DE SES DÉPENDANCES
ÉTAT ACTUEL

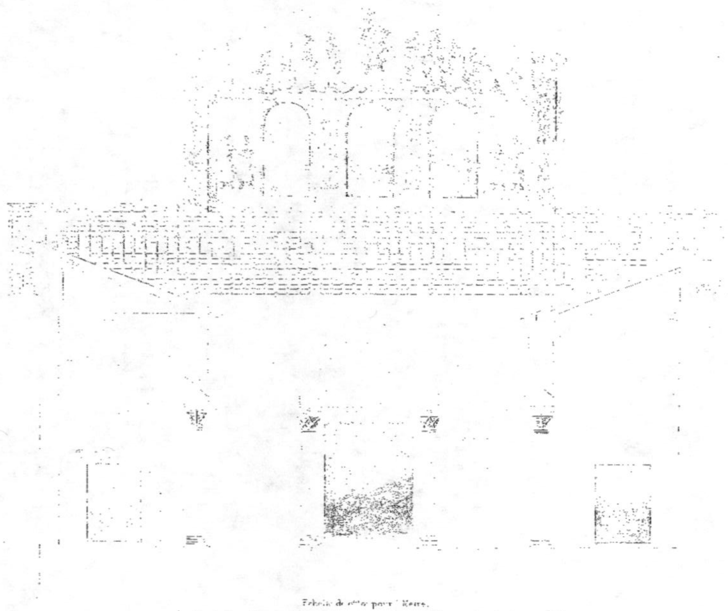

ÉLÉVATION PRINCIPALE DE LA BASILIQUE
ET COUPE DANS L'AXE DE L'ABSIDE.

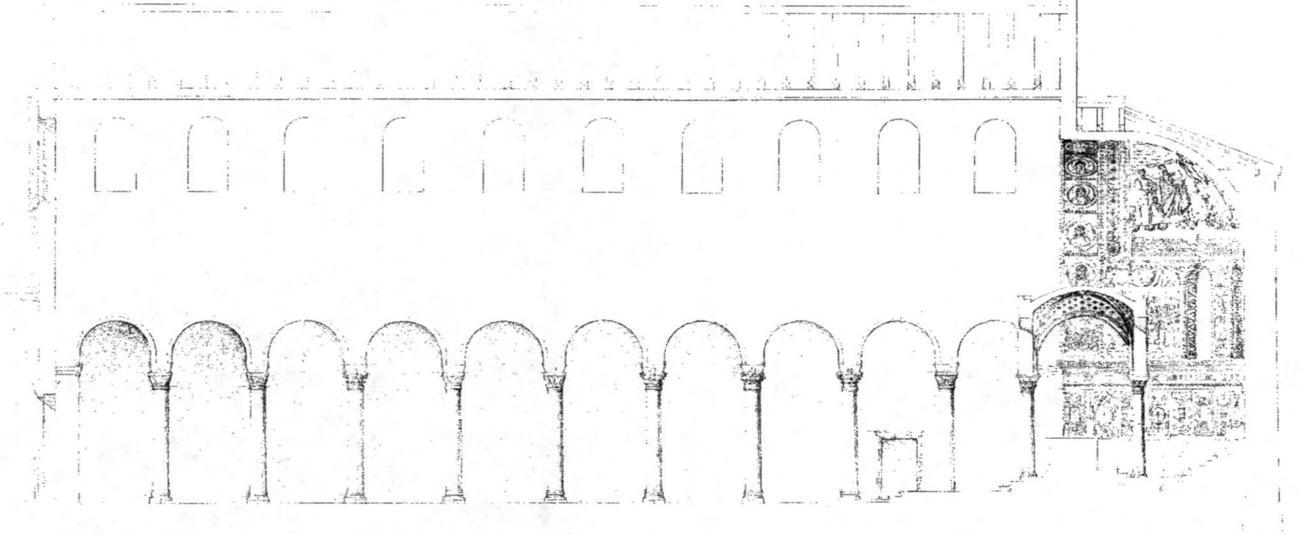

COUPE LONGITUDINALE DE LA BASILIQUE
AB. ANTES NIVEAU DU SOL DU CHŒUR

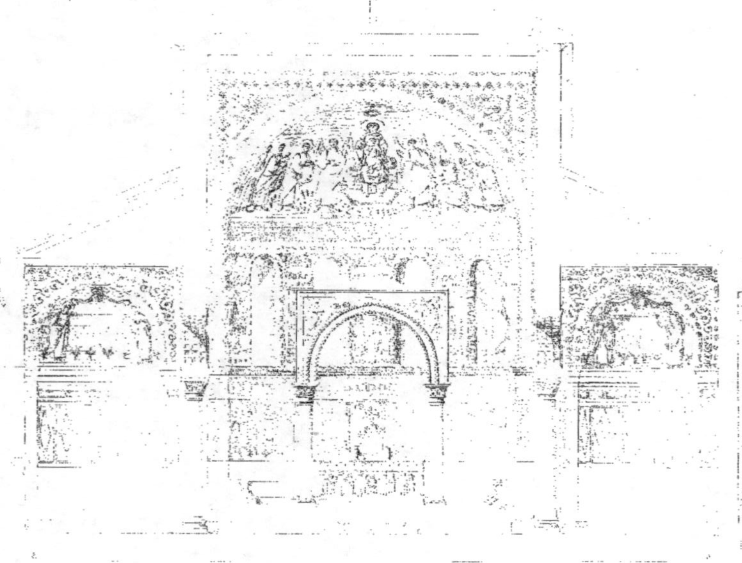

COUPE TRANSVERSALE DE LA BASILIQUE

A

B

E

D

C

E. Corniche en stuc au niveau supérieur
des fenêtres du Chœur

CHAPITEAU VI SIÈCLE

Echelle de 0^m20 pour 1 Mètre

A B C fenêtres en marbre de la nef
la partie est couverte de faïence

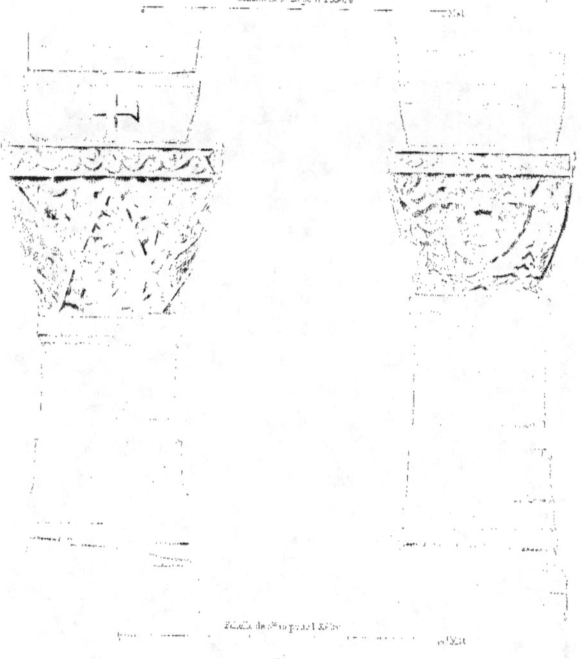

Echelle de 0^m10 pour 1 Mètre

ATRIUM

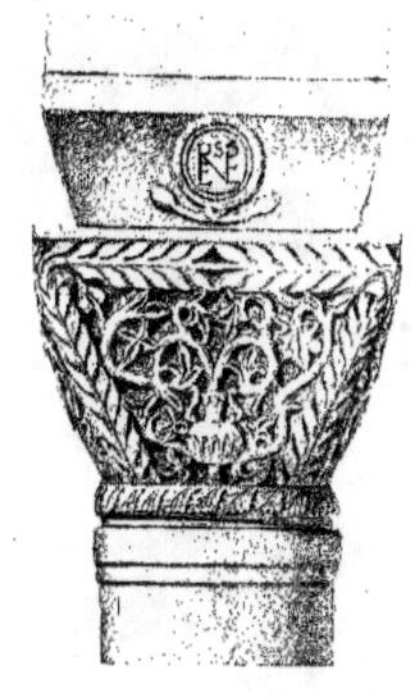 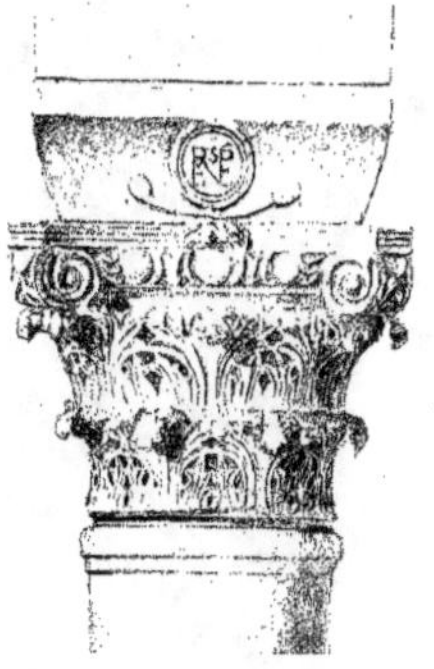

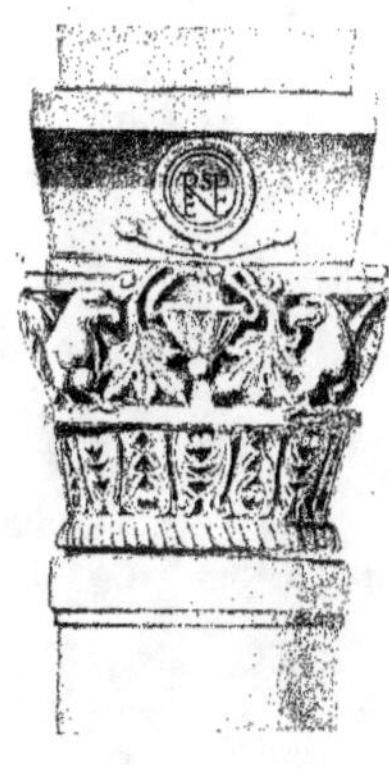 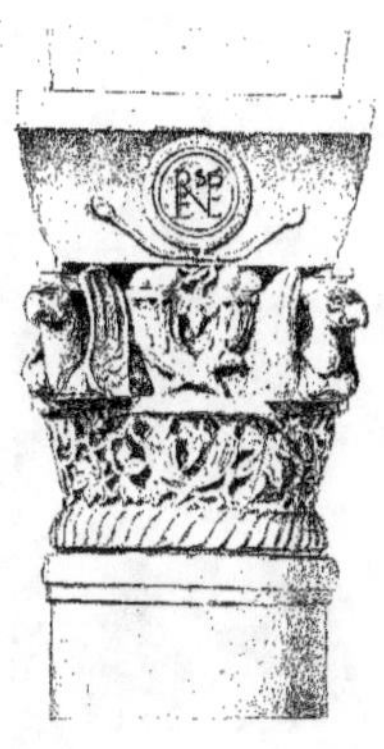

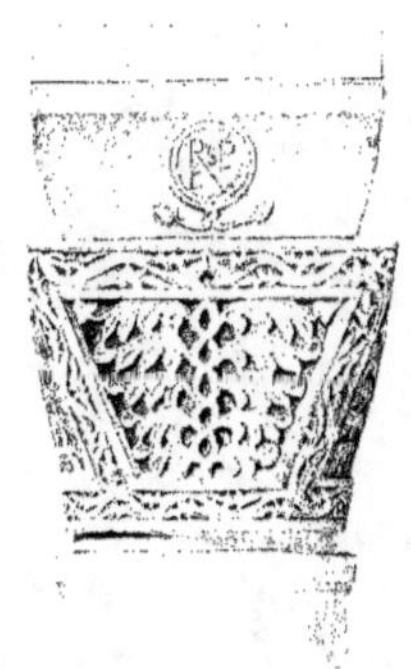 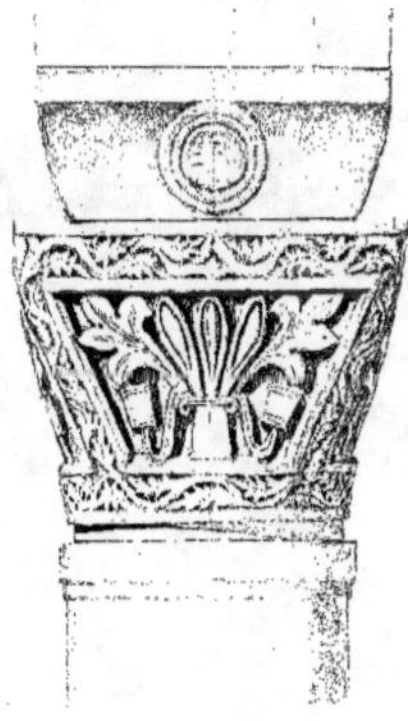

DÉTAIL DES ARCHIVOLTES

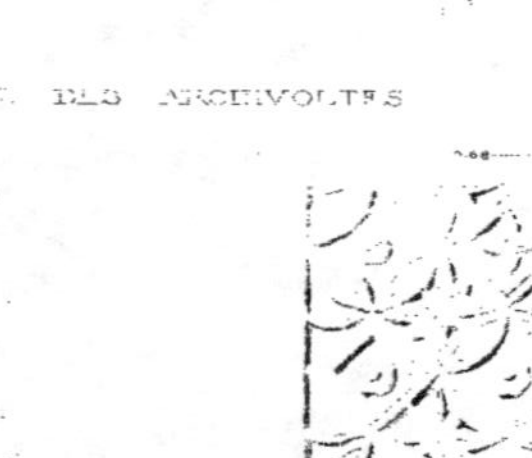

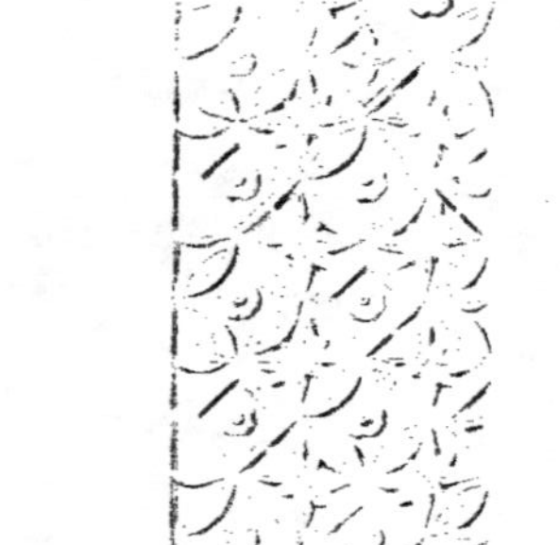

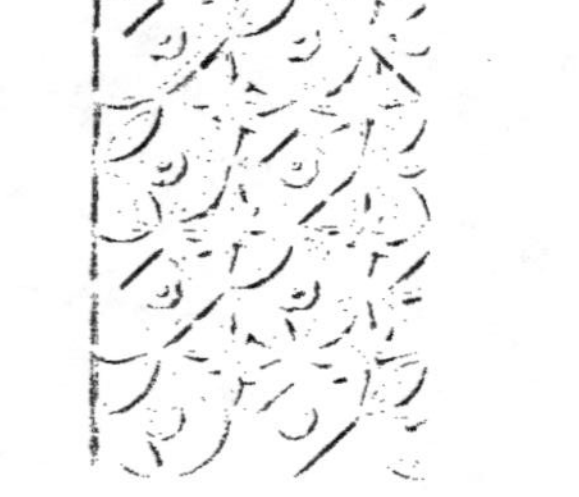

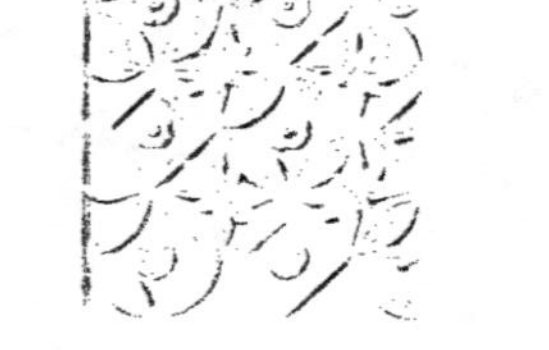

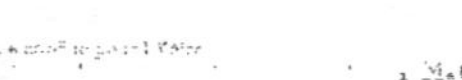

MOTIFS EN STUC DES ARCS DOUBLEAUX DES ARCADES DE LA NEF

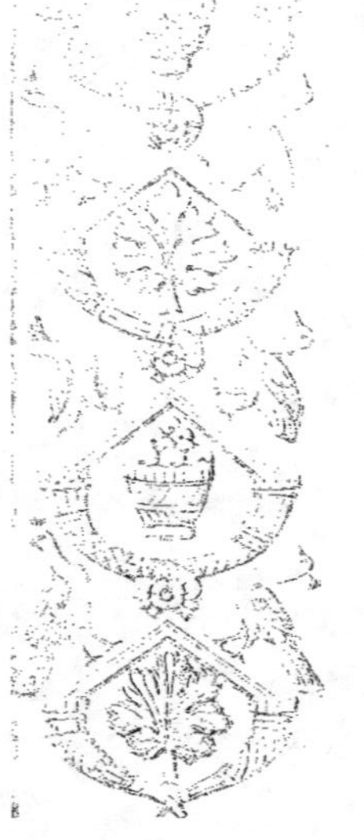
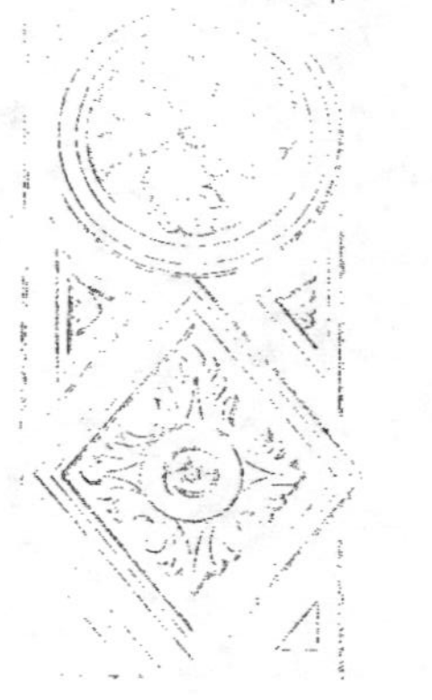
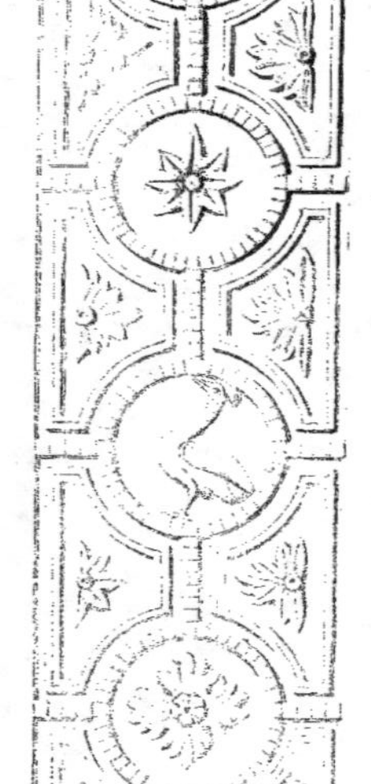
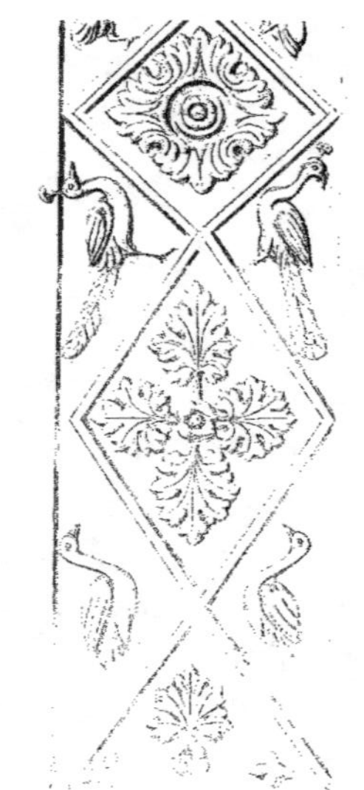

Échelle de 0^m05 pour 1 mètre

MOTIFS EN STUC DES ARCS DOUBLEAUX DES ARCADES DE LA NEF

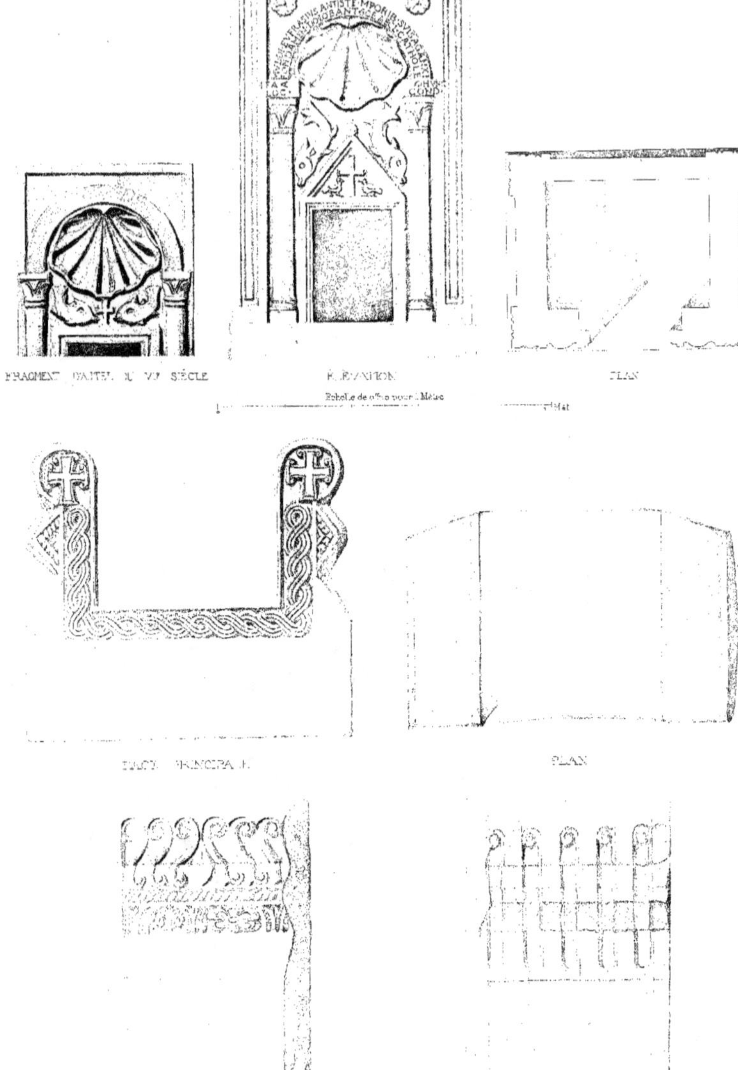

AUTELS DU VIᵉ SIÈCLE ET SIÈGE EN PIERRE DU IXᵉ SIÈCLE
DÉPOSÉS DANS LA BASILIQUE DE PARENZO

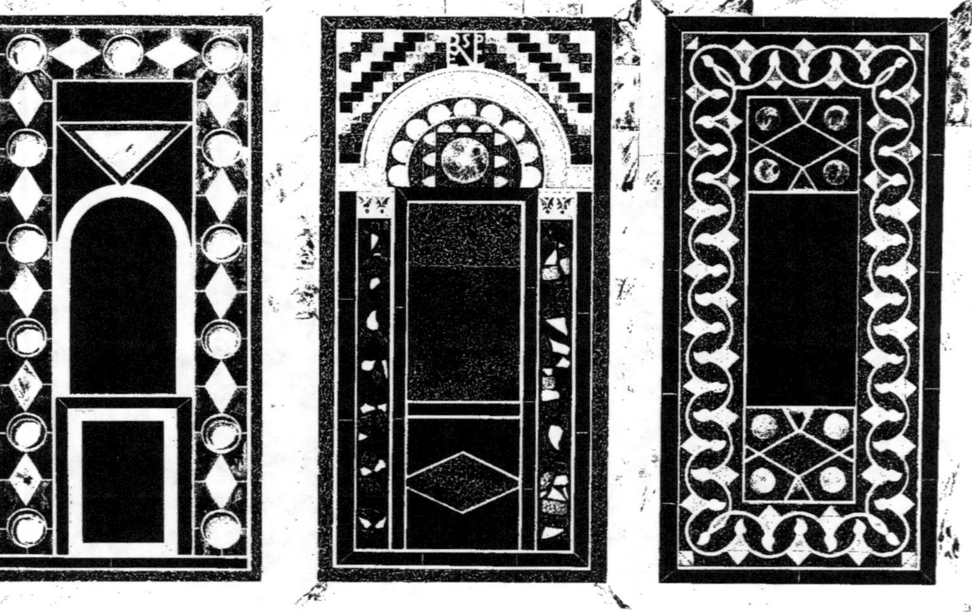

DÉTAILS DE LA BASILIQUE
DÉCORATION DE LA PARTIE INFÉRIEURE DU CHŒUR COTE DROIT

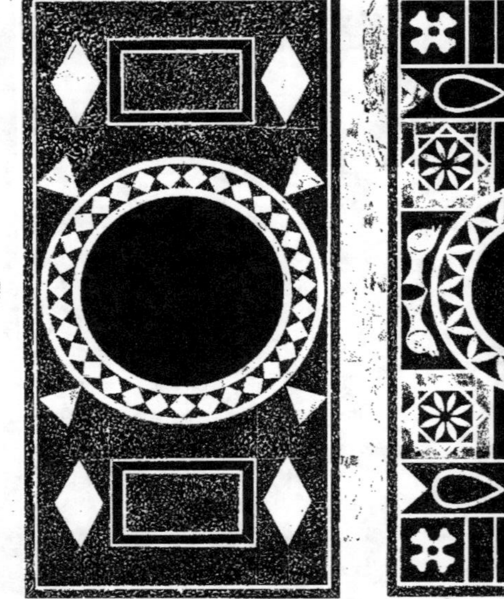
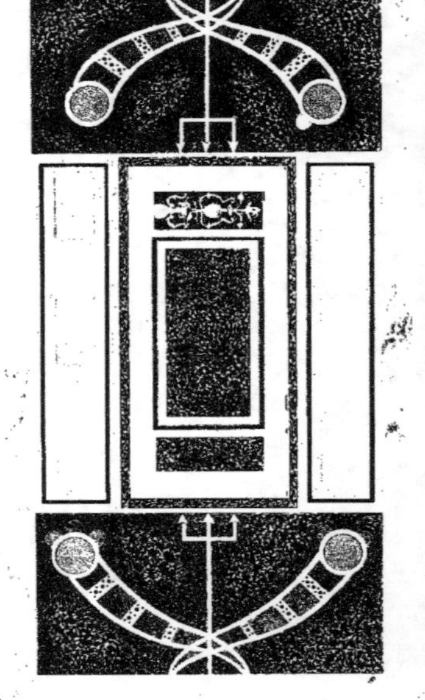

DÉTAILS DE LA BASILIQUE
DÉCORATION DE LA PARTIE INFÉRIEURE DU CHŒUR, CÔTÉ DROIT

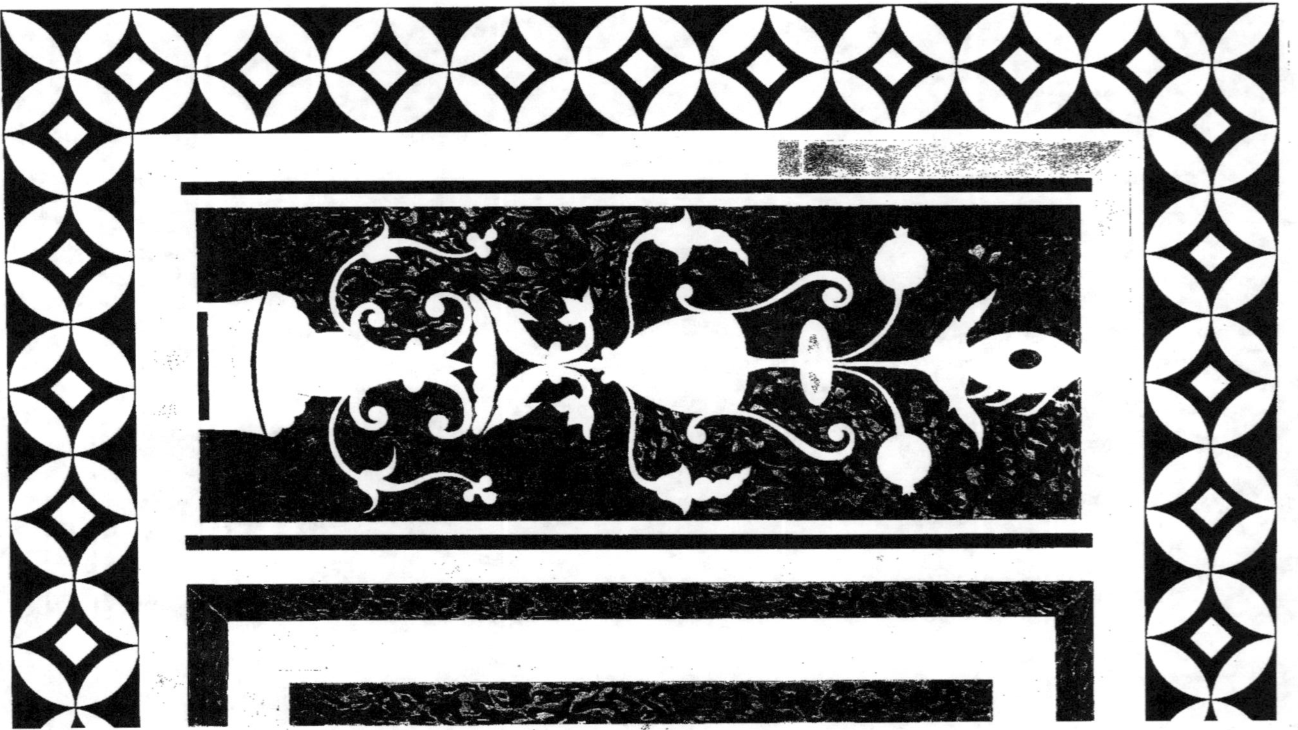

DÉTAIL DE LA BASILIQUE
MOTIF GRANDEUR D'EXÉCUTION DU 4ᵉ PANNEAU DU CHŒUR, COTÉ DROIT.

PL. 13

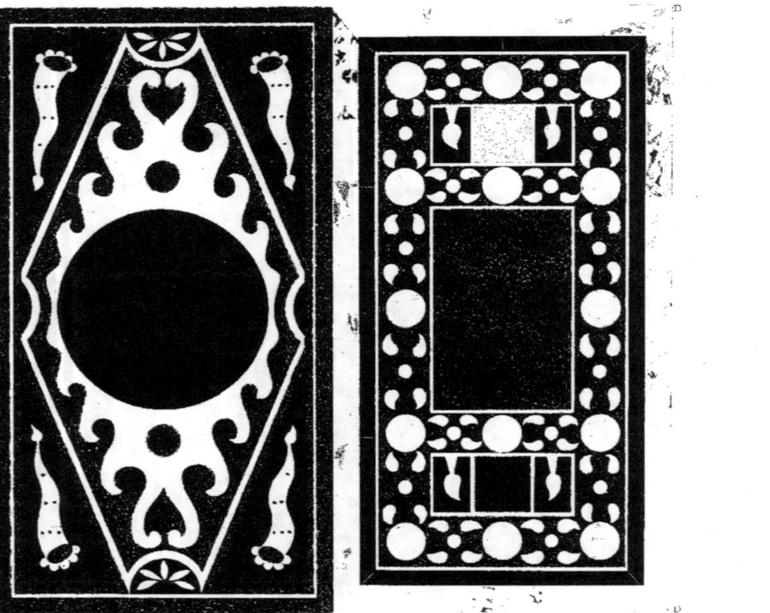

DÉTAILS DE LA BASILIQUE
DÉCORATION DE LA PARTIE INFÉRIEURE DU CHŒUR, CÔTÉ DROIT — LE PANNEAU A LA SUITE EN RETOUR, FAISANT FACE A LA NEF

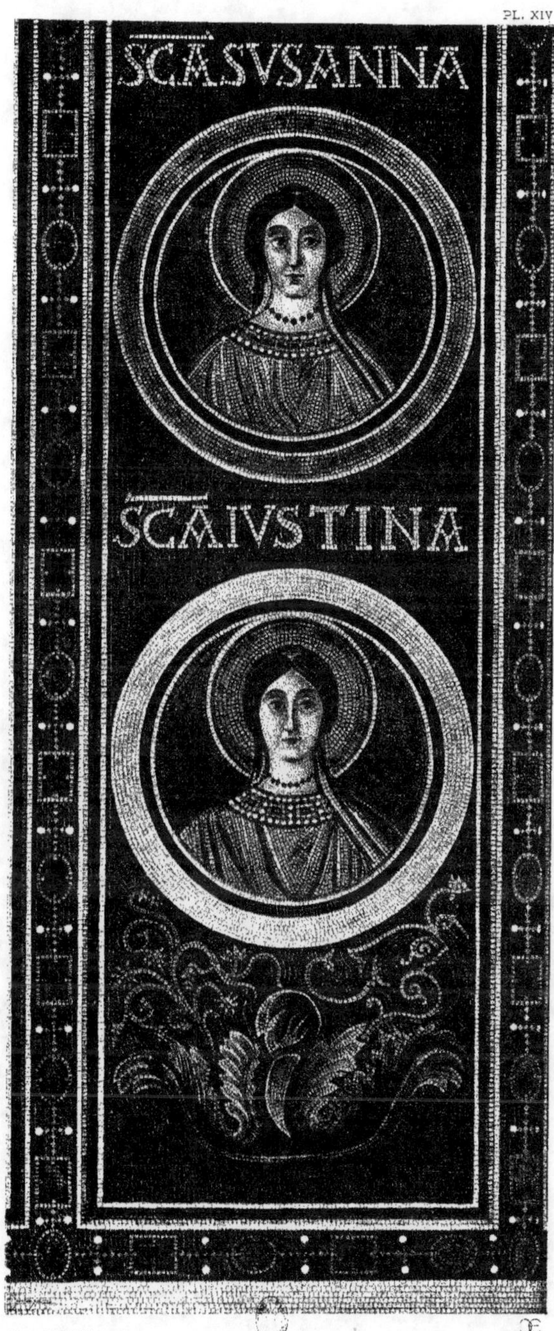

NAISSANCE DE L'ARC TRIOMPHAL DE LA BASILIQUE,
CÔTE DROIT

PL. XV

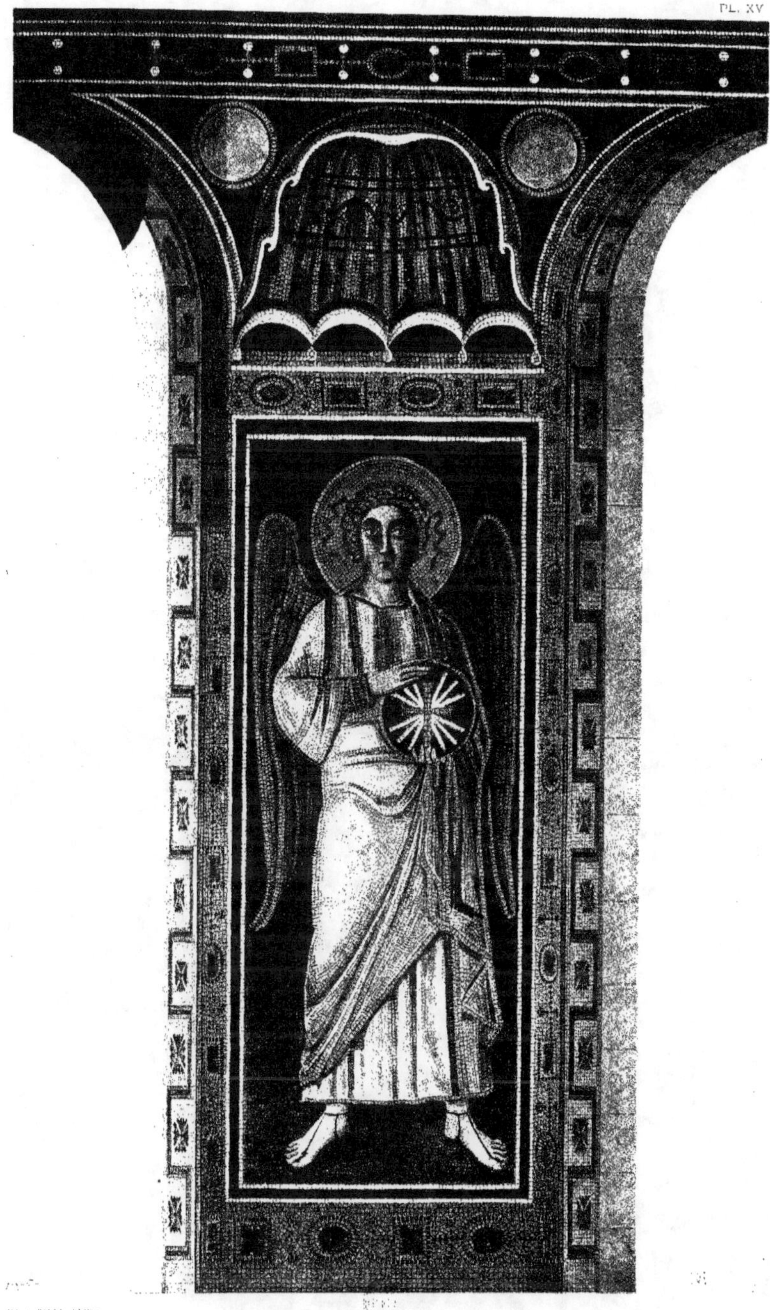

TRUMEAU MILIEU DU FOND DU CHŒUR DE LA BASILIQUE

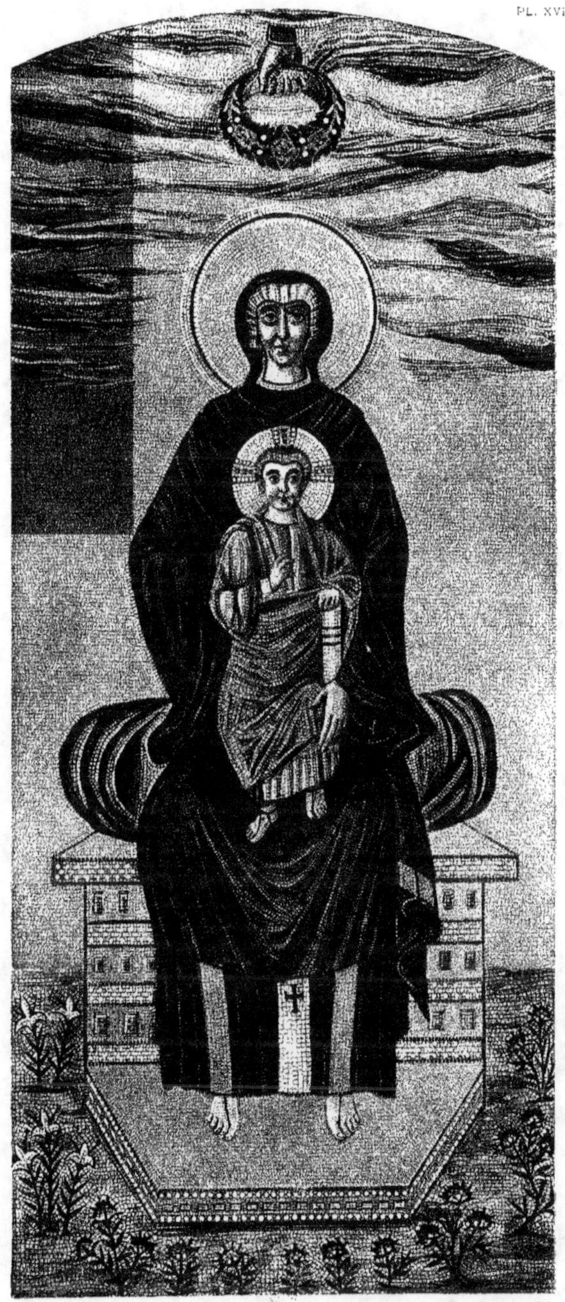

VIERGE DANS L'AXE DE LA CONQUE ABSIDIALE
DE LA BASILIQUE

II

i

III

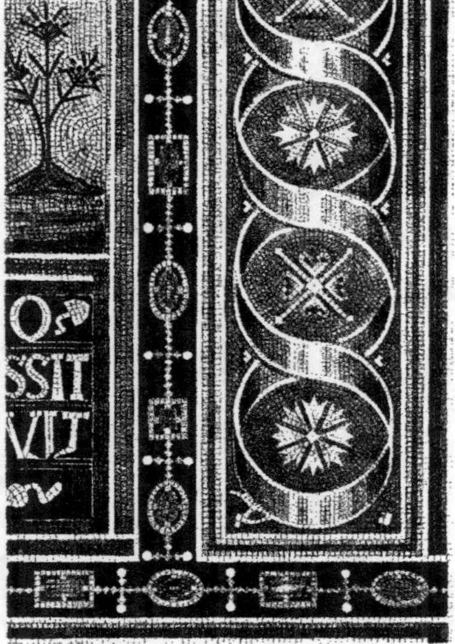

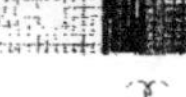

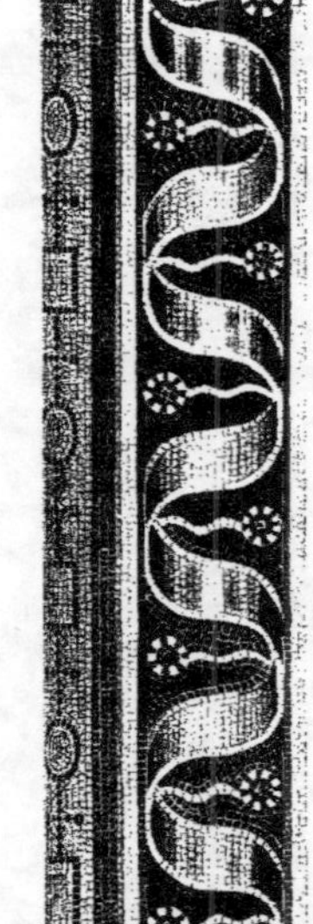

I. NAISSANCE DE L'ARC D'ENCADREMENT DE LA CONQUE ABSIDIALE

II ET III. MOTIFS DES EMBRASEMENTS DES FENÊTRES DU CHŒUR

DÉTAILS DE LA BASILIQUE

Pl. 18

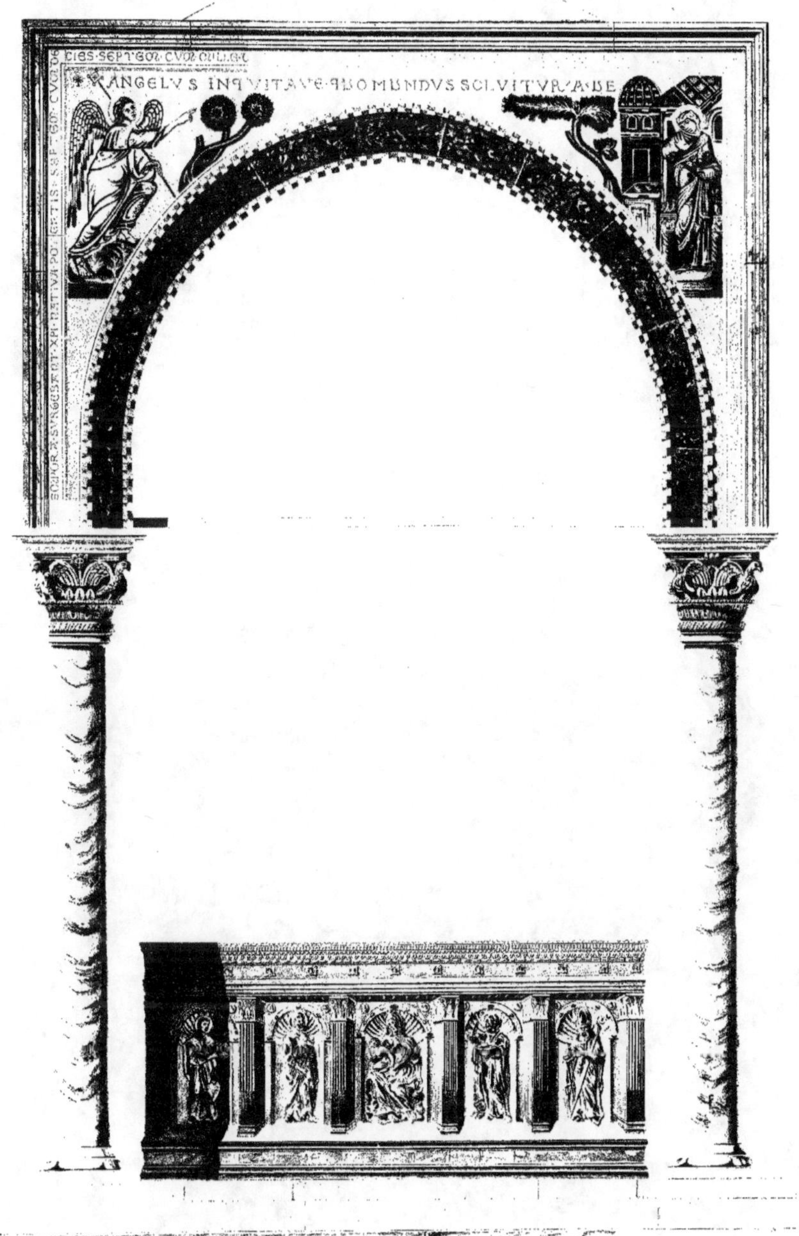

BALDAQUIN DE LA BASILIQUE

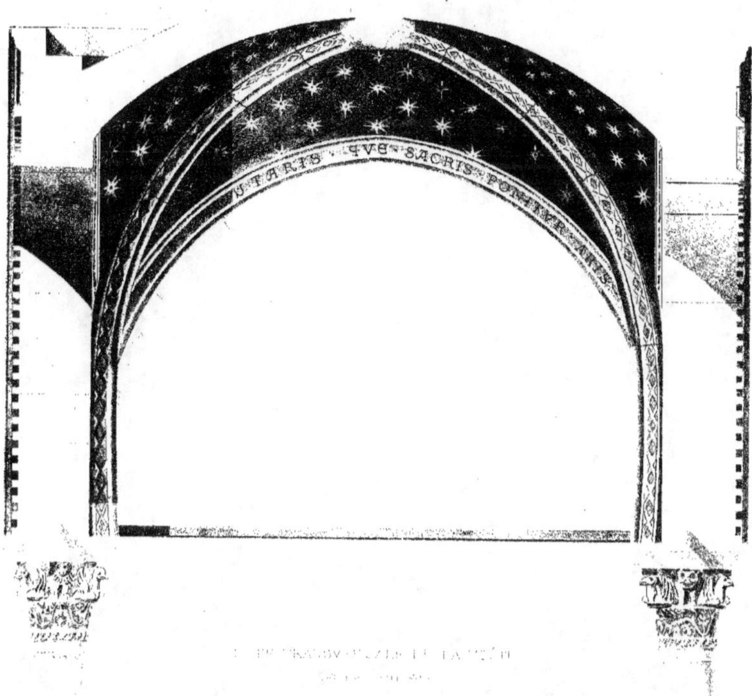

COUPE TRANSVERSALE DE LA VOÛTE

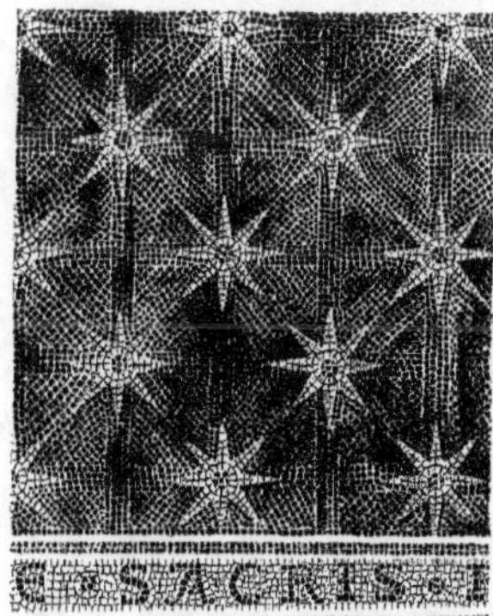

DÉTAIL
DE LA MOSAÏQUE DE LA VOÛTE

Échelle de 0m10 pour 1 Mètre

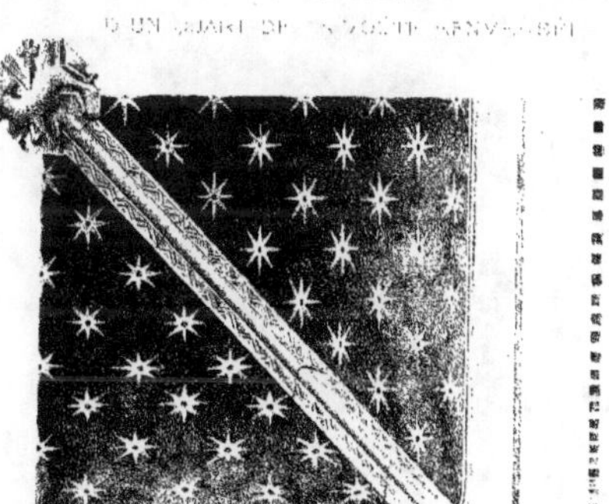

PROJECTION
D'UN QUART DE LA VOÛTE SEMI-SPHÉRIQUE

Échelle de 0m05 pour 1 Mètre

BALDAQUIN DE LA BASILIQUE
DÉTAILS

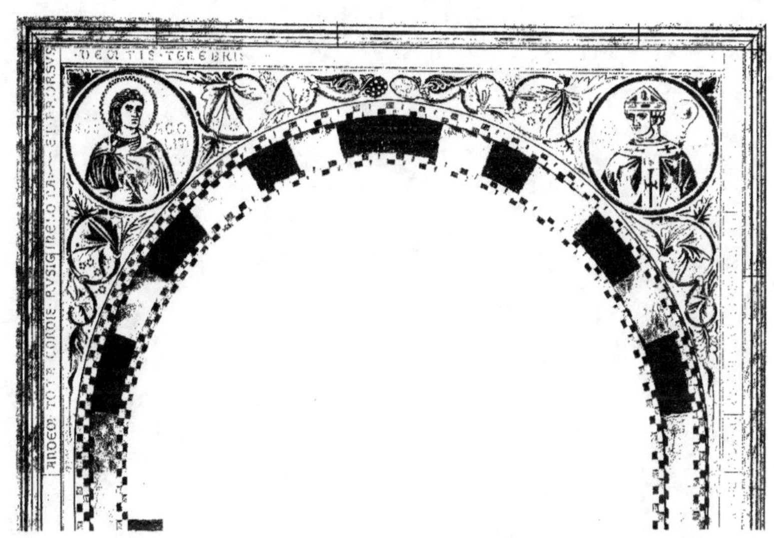

DÉTAIL DE LA FACE LATÉRALE NORD

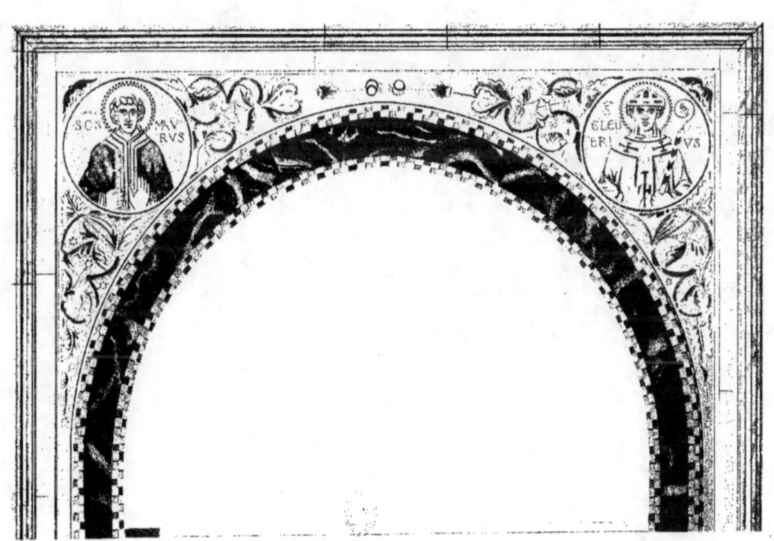

DÉTAIL DE LA FACE LATÉRALE SUD

LA FAÇADE DE LA BASILIQUE

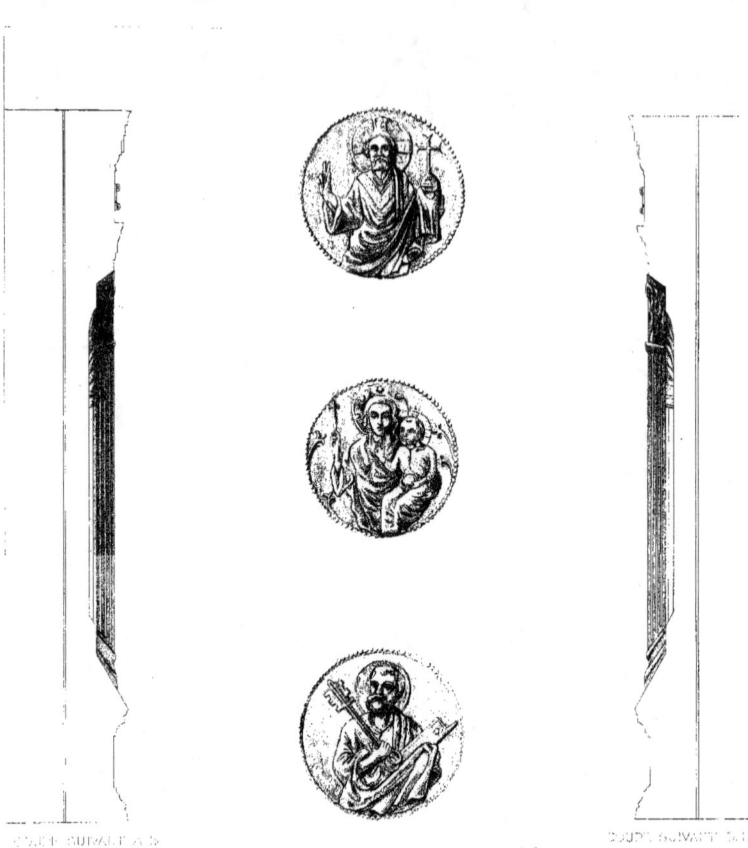

FACE SUIVANT A B

MÉDAILLONS AU DESSUS DES NICHES

COUPE SUIVANT C D

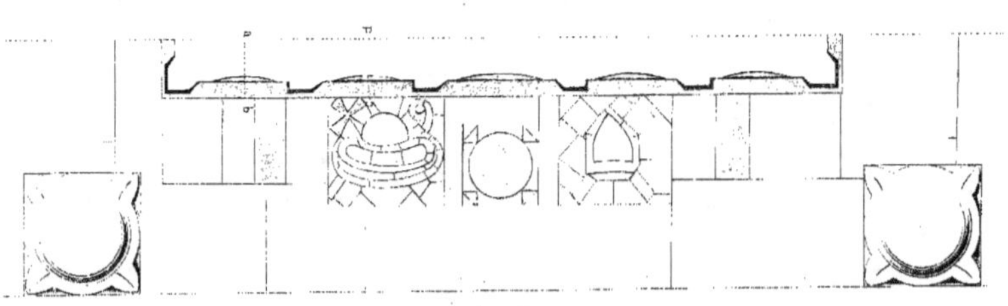

PLAN DE LA FACE POSTÉRIEURE DE L'AUTEL

DÉTAILS DE L'AUTEL

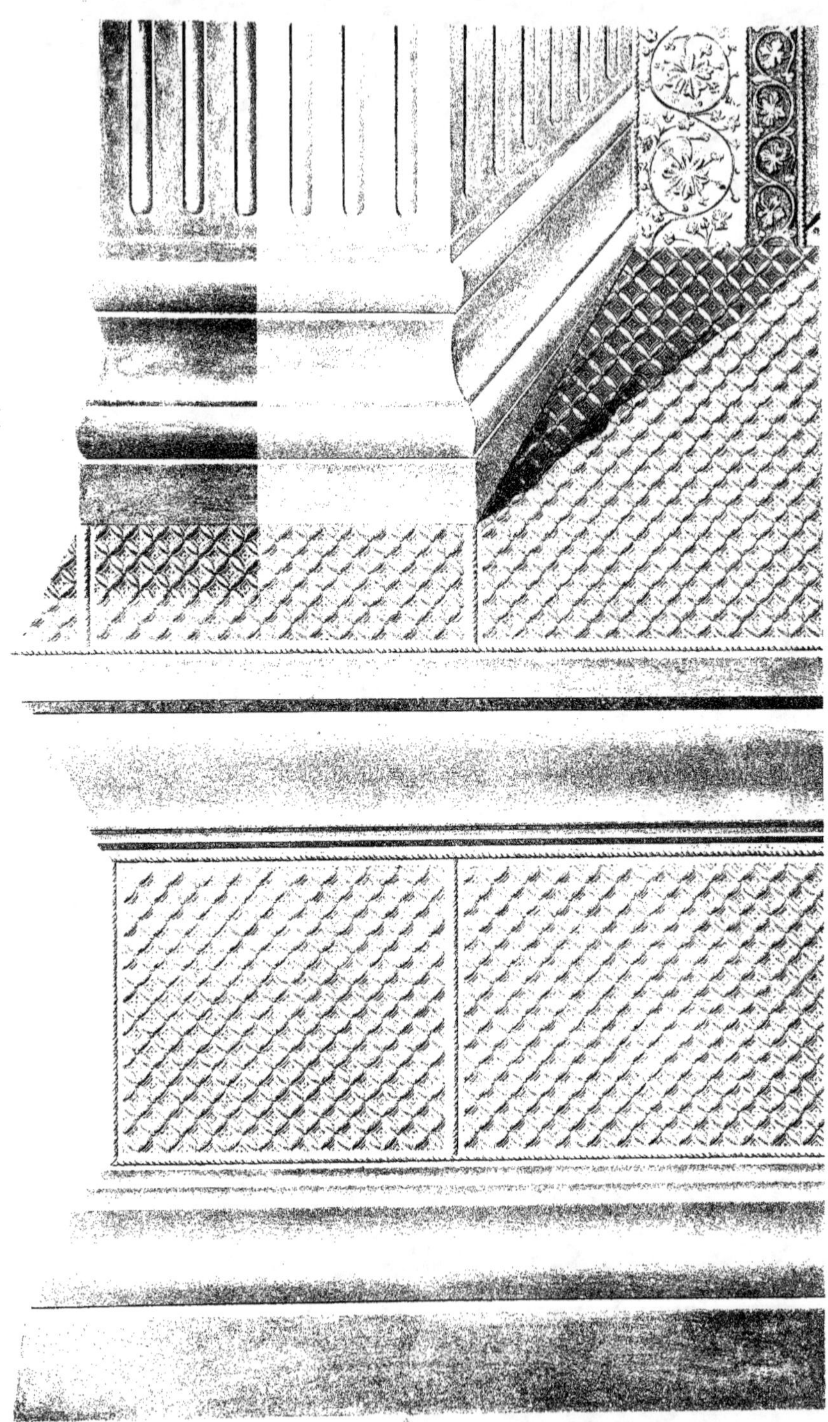

AU REZ. DÉTAIL DU SOUBASSEMENT
GRANDEUR D'EXÉCUTION

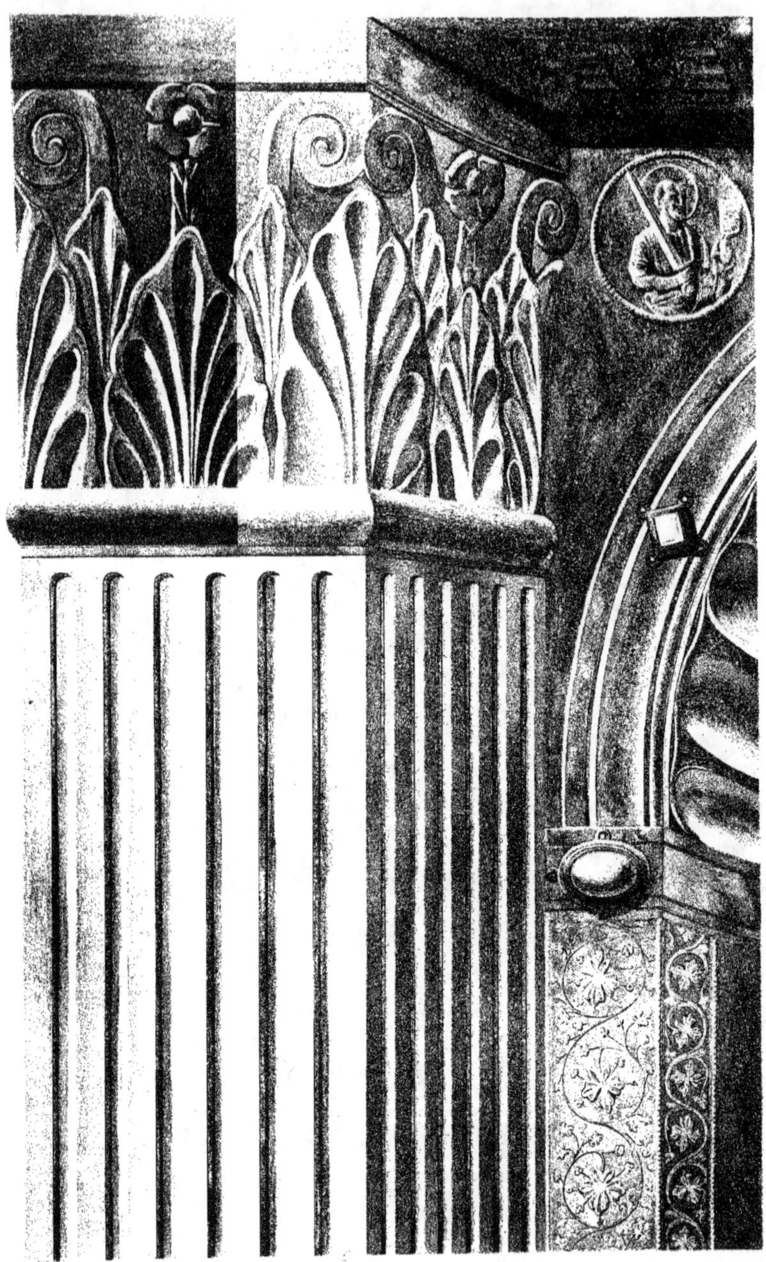

AUTEL. DÉTAIL D'UN PILASTRE ET NICHE
GRANDEUR D'EXÉCUTION

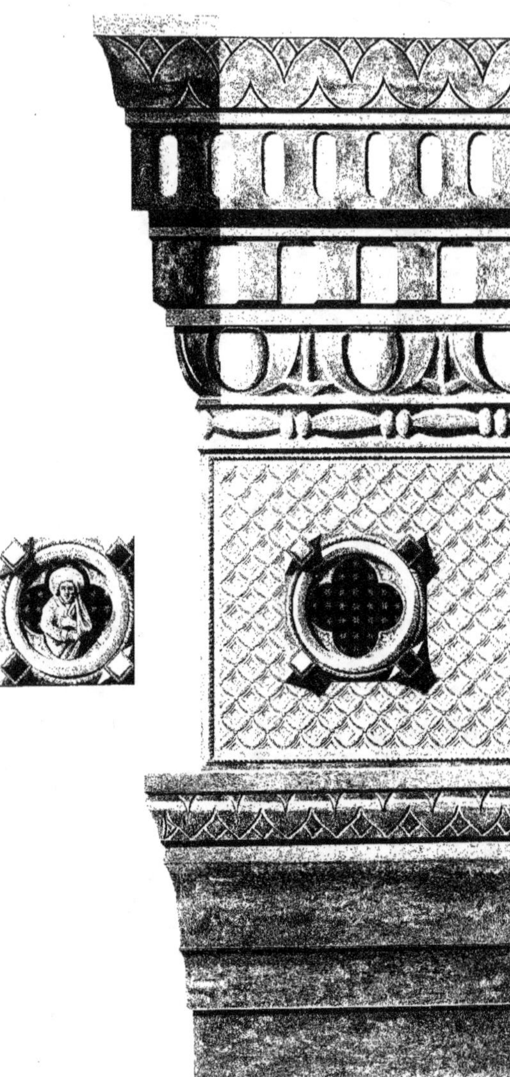
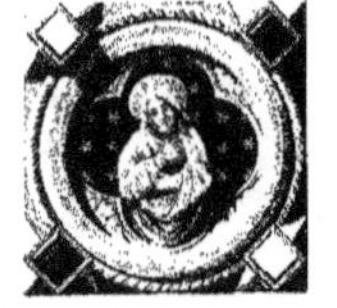

AUTEL. DÉTAILS DE L'ENTABLEMENT
GRANDEUR D'EXÉCUTION

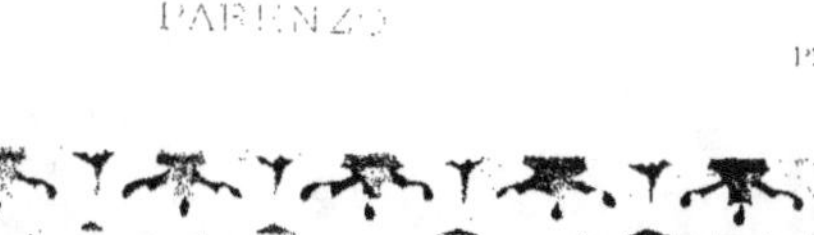

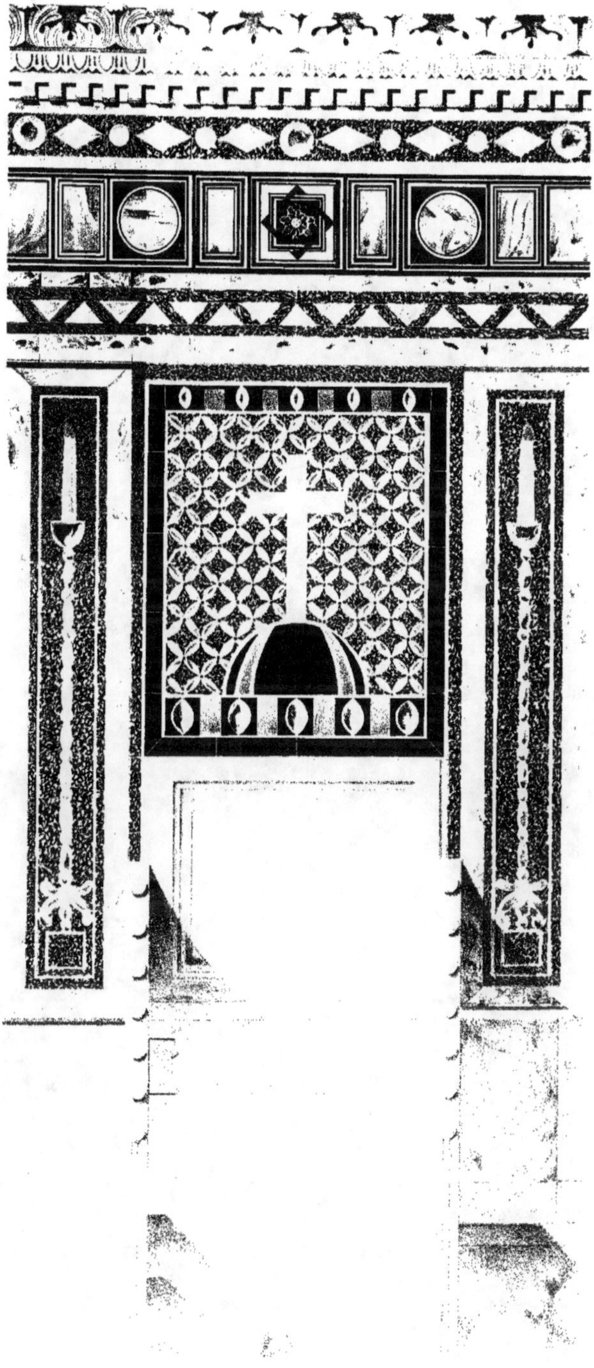

SIÈGE ÉPISCOPAL DE LA BASILIQUE

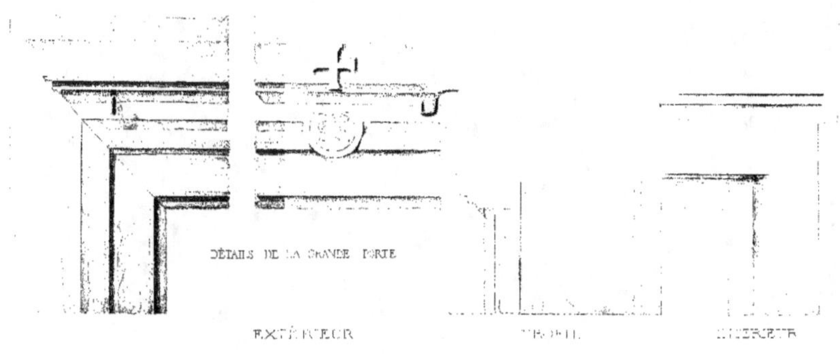

DÉTAILS DE LA GRANDE PORTE
EXTÉRIEUR
PROFIL
INTÉRIEUR
Échelle des détails

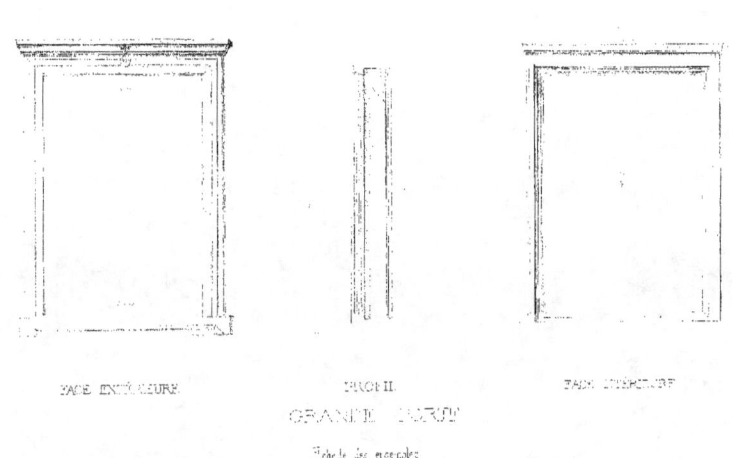

FACE EXTÉRIEURE
PROFIL
FACE INTÉRIEURE
GRANDE PORTE
Échelle des ensembles

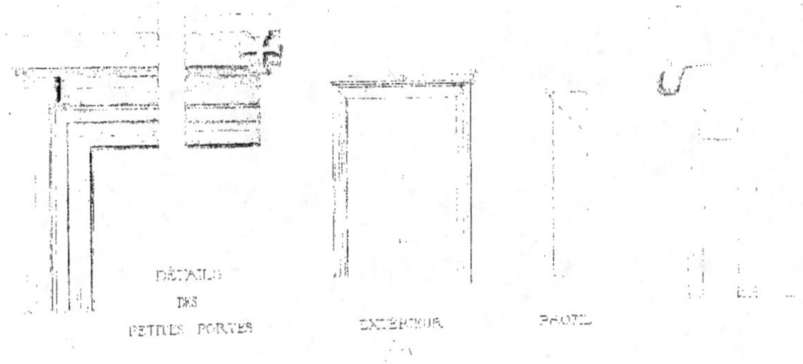

DÉTAILS
DES
PETITES PORTES
EXTÉRIEUR
PROFIL
PORTES DE LA BASILIQUE

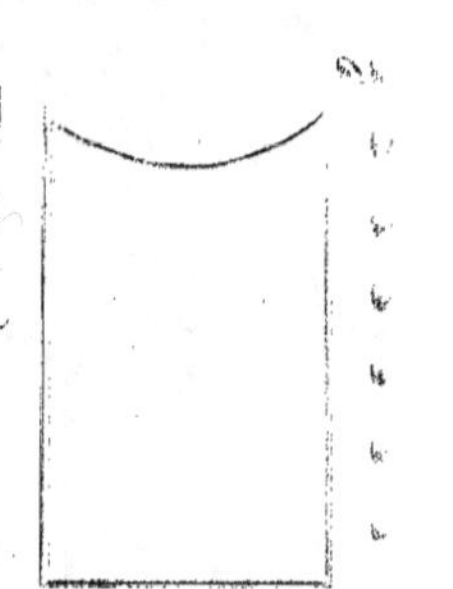

AMORTISSEMENT DU BANC ABSIDAL

VU DE FACE

COUPE SUR LE BANC AU DROIT DU SIÈGE

AMORTISSEMENT DU BANC ABSIDAL

VU DE PROFIL

COUPE DANS L'AXE MILIEU DU SIÈGE

DÉTAILS DE LA BASILIQUE

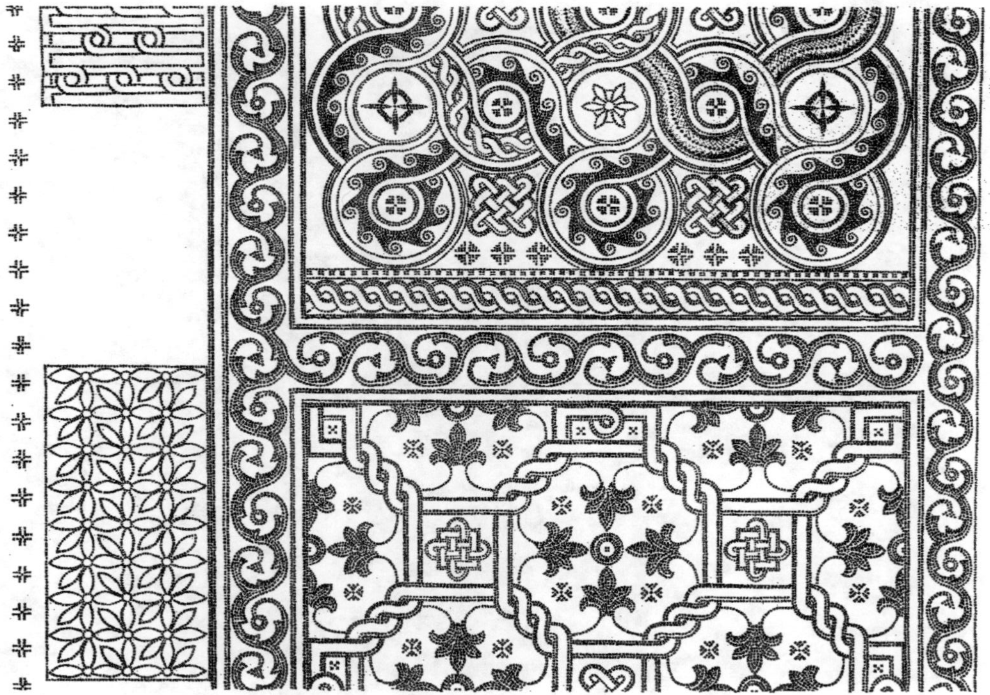

PAVAGE DE LA NEF LATÉRALE DROITE DE LA BASILIQUE

Échelle de o^mo5 pour 1 Mètre

PAVAGE DE LA NEF LATÉRALE DROITE DE LA BASILIQUE

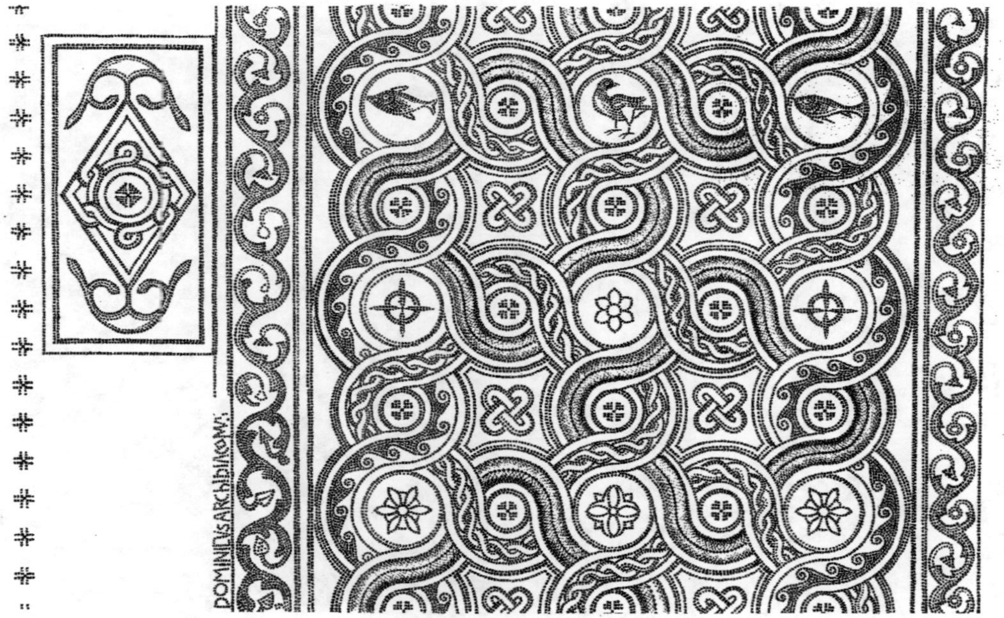

Échelle de o^m 05 pour 1 Mètre

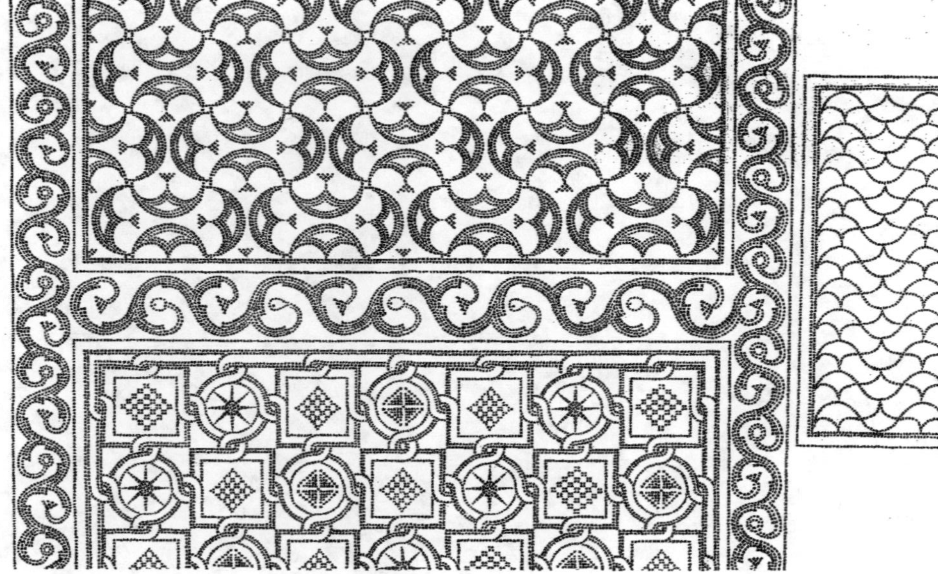

PAVAGE DE LA NEF LATERALE GAUCHE DE LA BASILIQUE

Echelle de o^m06 pour 1 Mètre

I. PAVAGE DE LA NEF LATÉRALE GAUCHE DE LA BASILIQUE
II. PAVAGE DE LA CHAPELLE St ANDRÉA

Echelle de c^{tios} pour 1 Mètre

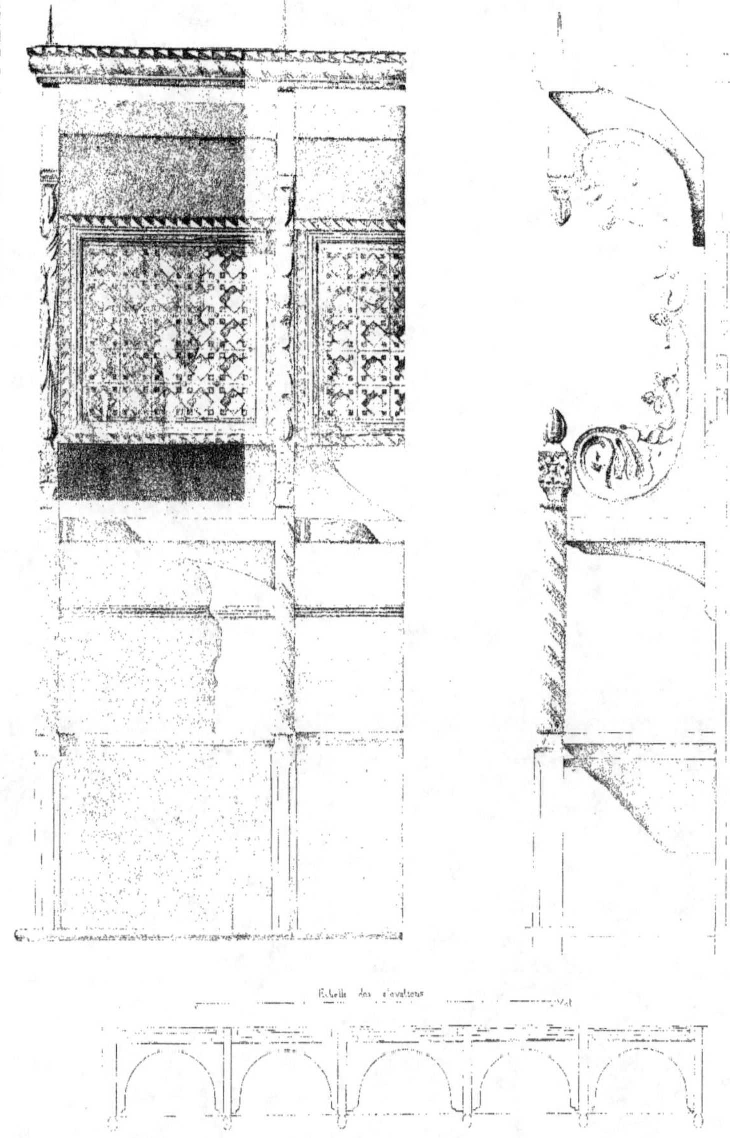

Echelle des élévations

Echelle du plan

ANCIENNES STALLES DU CHŒUR DE LA BASILIQUE

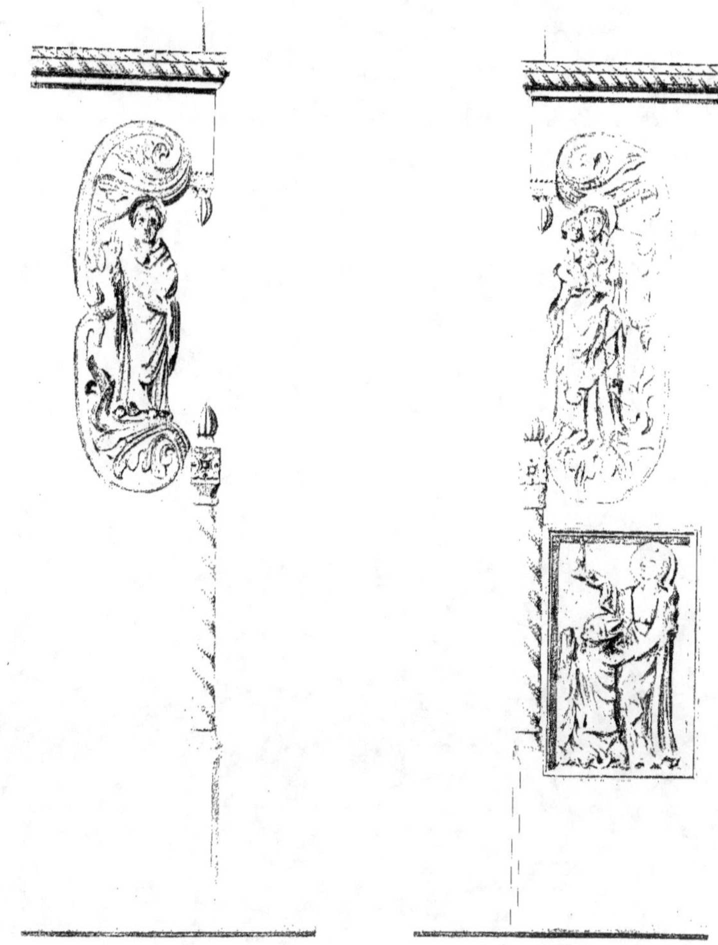

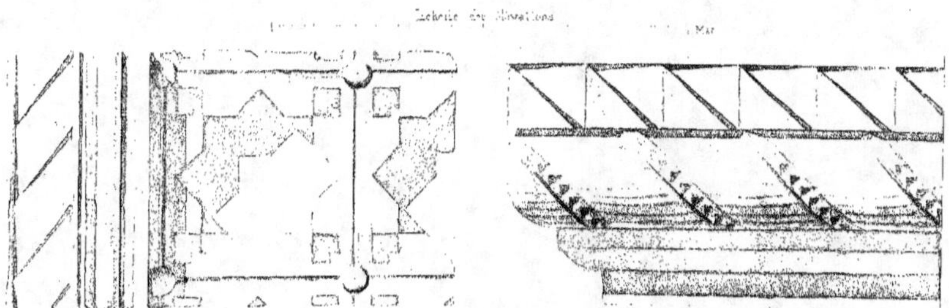

DÉTAILS A MOITIÉ D'EXÉCUTION

ANCIENNES STALLES DU CHŒUR DE LA BASILIQUE

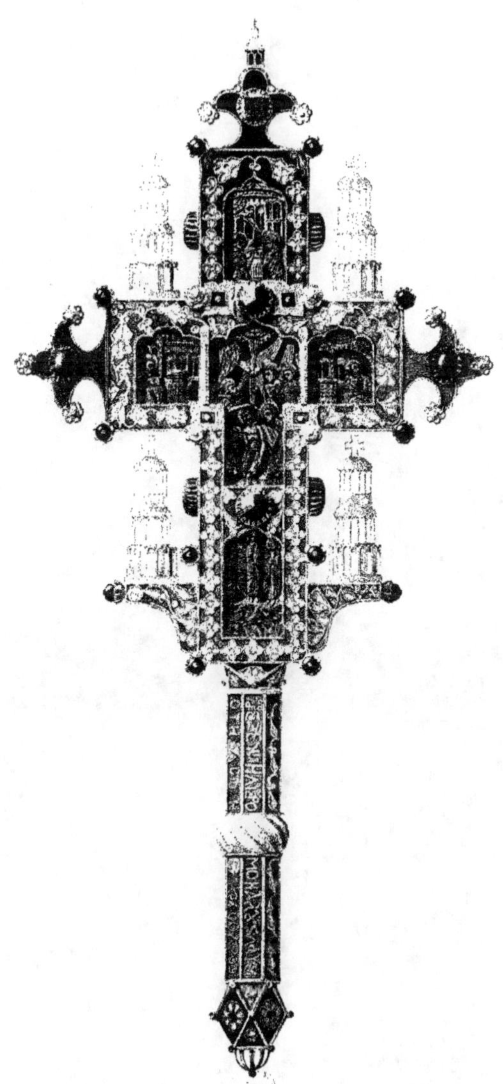

PACE. RELIQUAIRE BYZANTIN
GRANDEUR D'EXÉCUTION